경영공학자가 풀어낸
부자의 공식

마이크로
파이프라인

MICRO PIPELINE

마이크로 파이프라인:
경영공학자가 풀어낸 부자의 공식

초판 발행 2021년 1월 18일
지은이 이동훈 **펴낸이** 이성용 **책임편집** 박의성 **책디자인** 책돼지
펴낸곳 빈티지하우스 **주소** 서울시 마포구 양화로11길 46 504호(서교동, 남성빌딩)
전화 02-355-2696 **팩스** 02-6442-2696 **이메일** vintagehouse_book@naver.com
등록 제 2017-000161호 (2017년 6월 15일) **ISBN** 979-11-89249-47-2 13320

경영공학자가 풀어낸
부자의 공식

마이크로
파이프라인

MICRO PIPELINE

이동훈 지음

빈티지하우스
VINTAGE HOUSE

하고 싶은 것에
열정을
바칠 수 있는 힘: 부유함

우리나라의 1인당 GDP는 선진국 진입 신호인 2만 달러를 넘은 2006년 이후 14년 만에 3만 1,431달러를 달성해 전 세계 28위를 기록했고 연평균 실질소득은 3.2% 증가했다. 하지만 자세히 들여다보면 기업의 실질소득은 16.1%로 대폭 증가한 반면 가계의 실질소득은 2.4%

증가에 그쳤다.

기업은 부자가 되었지만 가계 살림살이는 썩 나아지지 않았다. 게다가 2020년 들어 코로나19의 대유행으로 개인의 삶이 심각하게 불안해지고 서민들의 삶은 더욱더 어려워지고 있다. 더 우려스러운 것은 대유행을 억제하기 위한 전 세계적 '셧다운'이다. 사회·경제활동을 멈추게 되면 코로나19로 인한 피해보다 더 강력한 경제적 기근이 인류를 위협할 것이다.

인류가 수많은 위기를 극복해왔듯이, 다소 길어진 감이 있는 코로나19의 유행은 반드시 극복될 것이다. 특히, 대한민국의 국민들은 위기에 강하고 현명하기 때문에 그 어느 나라보다도 빨리 안정화되리라 믿어 의심치 않는다.

최근의 사회 현상 중 두드러진 것은 취업 위주의 대학교육과 돈만 많으면 성공이라는 획일적인 사고다. 기득권과 힘을 합친 언론은 끊임없이 돈을 벌라고 외친다. 역사적으로 인류가 추구했던 수많은 소중한 가치들이 오직 하나의 가치에 의해 고립되거나 매몰되고 있다.

행복하고 정의로운 사회가 되기 위해서는 구성원들이 다양한 가치를 추구해야 한다. 어떤 사람은 사진을 찍고, 어떤 사람은 그림을 그리고, 어떤 사람은 음악을 해야 한다. 돈벌이에 굴하지 않고 본인이 **하고 싶은 것에 열정을 바치는 사회**가 바람직하다. 국가는 조용히 일하고 싶은 사람이 일할 수 있는 일자리를 창출해나가면 될 뿐이고, 국민은 하고 싶은 일에서 만족을 느낄 수 있도록 자신의 일에 열정을 다하는 그런 사회가 아름다운 사회다.

하지만, 이러니저러니 해도 대한민국은 시장경제 체제를 근간으로 한 자본주의 사회이며, 시장경제에는 모든 활동에 돈이 필요하다. 자아를 실현하기 위해서도 경제력이 필요한 것이 어쩔 수 없는 현실이다. 또한, 가난하기보다는 부자로 사는 것이 삶의 질 면에서 더 나은 삶을 살 수 있고, 할 수 있는 일을 더 많이 할 수 있으며, 다른 사람에게 도움을 받기보다는 도움을 줄 수 있는 더 많은 기회를 가질 수 있다.

《효율적 이타주의자》의 저자 피터 싱어의 견해처럼, 물에 빠진 소년을 구하는 것과 월 2만 원씩 후원해 아프리카 소년이 굶어 죽지 않도록 돕는 것은 똑같이 생명을 구하는 고귀한 행위다. 우리가 가난해서는 단 한 명의 어려운 사람도 돕지 못한다.

어떻게 부자가 될 것인가: 재테크의 가장 현실적 정의

그렇다고 무작정 허리띠 졸라매고 하루 종일 일하며 돈을 모으기만 하면 부자가 되는 시대는 아닌 것 같다. 국민소득 3만 달러를 사는 한국인의 삶은 참으로 부유하다고 할 수 있다. 하지만 역설적으로 소득 수준 3만 달러 시대를 영위하기 위해 많은 사람들이 일을 '더' 하는 방식으로 돈을 벌고 있어 안타까울 뿐이다.

꼭 이렇게 힘들게 노동의 시간을 늘리고 노동의 강도를 높여야지만 수입이 늘어날 수 있다고 생각하지 않는다. 고도화된 금융시장에서 전문가가 아닌 사람들이 주식투자를 하고 부동산 경매에 직접 나서는 등, 투자에 관련된 일반인의 참여 수준이 과거와는 차원이 다르게 높아졌다. 하지만 대부분의 사람들이 재테크 책 한두 권을 대충 읽고 전문가가 된 것 마냥 투자를 섣불리 시작하고 빠르게 실패를 맛본다. 한 번이라도 책을 읽고 시작하는 게 다행이라면 다행일까.

경영학을 공학적으로 접근한 경영공학을 전공하고 경영학과에서 21년간 투자와 창업 관련 강의를 진행하면서 수많은 사람들을 경험했다. 그중에는 평범해 보이지만 부자인 사람도 많았다. 특히 문구점을 운영하며 매년 30% 이상의 수익률을 올리던 제자가 기억에 남는다. 그가 지속적으로 투자해온 것은 경영에 대한 공부였고, 공부가 자기 충전의 수단이었다. 나 스스로도 부자가 되기 위해 이 책에서 제시한 부자 방정식을 지키며 체화하고 노력한 덕분에 작은 부자가 될 수 있었다.

책을 통한 것이든 경험을 통한 것이든, 지혜와 통찰은 체화하는 것이 가장 중요하다. 내 경우 개인적으로 고통스러운 시간을 보내고 있던 당시 힘이 되어준 책이 있었다. 나는 그 책을 열 번 스무 번 반복해 읽었고, 자료로 만들어 강의까지 할 정도로 내 것으로 만들었다.

여러분에게 이 책이 그랬으면 한다. 한 번 읽는 데 그치는 것이 아니라 몇 번이고 읽는다면 부자가 되는 습관을 체화할 수 있을 것이다.

완벽한 부의 방정식 그리고 부자상수 K

재테크의 가장 현실적인 정의는 '일을 하지 않고도 돈을 버는 것'이다.

즉, 본업이 아닌 곳에서 자연스럽게 돈이 생기게 만드는 기술이다. 재테크가 본업보다 힘들면 그것은 재테크가 아니다. 회사일은 뒷전이고 하루 종일 주식거래창을 들여다보며 단타매매, 초단타매매를 일삼는 행위는 절대로 재테크가 아니다. 이런 사람들이 부자가 된 것을 본 적도 없고, 이런 방식은 인생에 대한 도박이자 자기기만일 뿐이다.

이 책은 모두 5부로 구성되어 있다. 1부에서는 우리가 부자가 되어야 하는 필연적인 이유를 철학과 종교적 통찰을 통해 살핀다. 2부에서는 이 책의 핵심 주제인 '부자함수'를 설명한다. 부자함수는 수익률과 절약, 파이프라인으로 구성되어 있는데, 각각을 구체적인 사례를 통해 공학적으로 분석한다. 3부에서는 확실한 미래를 창출하는 부의 공식과 실현된 부를 배가하는 부자들의 공통적인 습관을 다룬다. 4부에서는 투자와 재테크를 위한 필수적인 지식을 현실적인 상황에 맞추어 자세히 설명한다. 5부에서는 우리의 궁극적인 목표라 할 수 있는 '행복한 부자'가 되기 위한 기본적인 철학을 부자들의 다양한 경험을 바탕으로 서술한다.

이 책에서 소개하는 '부자 방정식'과 '부자상수 K'는 모두 새롭게 제시하는 융합적인 개념이지만 누구나 쉽게 실천할 수 있고 따라할 수 있는 내용이다. 부자 방정식에는 전통적인 재무관리 기법과 부동산, 금융 분야에서 20년 이상 축적한 개인적 통찰이 함축되어 있다. 또한 같은 노력을 해도 몇 배의 부를 창출해낸 부자들의 비밀을 '부자상수 K'를 통해 설명함으로써 개인의 습관으로 체화할 수 있도록 했다.

세상은 내 생각대로 되지 않는다. 세상은 불공평하고, 사람들은 이성적이기보다는 감정적이다. 하지만 그래서 불행한가? 아니다. 오히려 세상은 그래서 더 재미있고 살만한 곳일 수 있다. 생각지도 않은 불행이 찾아올 수도 있지만 마찬가지로 생각지도 않은 좋은 일들이 일어나기도 한다. 이 책과의 만남도 독자 여러분에게 일어난 좋은 인연이라고 확신한다.

이 책을 통해 여러분이 다른 사람보다 더 여유로운 삶을 누리며, 보다 많은 사람들을 도울 수 있는 진정한 부자가 되어주길 바란다. 한 번보다는 두 번을 읽어주길 바란다. 읽는 횟수가 늘 때 마다 당신의 재산은 2배씩 성장해 있을 것이다. 자신한다.

2020년 크리스마스 즈음에

이동훈

목차

1부

부자 마인드:
우리는 왜
부자가 되어야 하는가

훌륭한 등산가들은 아무 산이나 막 오르는 것이 아니라 먼저 목표를 정한다. 에베레스트, K2, 안나푸르나 등 목표가 어느 봉우리인지에 따라 루트와 전략이 달라진다. 인생이라는 산도 마찬가지다. 어떤 인생을 살 것이냐에 따라 돈을 벌고, 모으고, 불리는 전략이 달라진다.

왜 부자가 되고 싶은지, 무엇이 부자인지에 대해 먼저 생각해야만 더 빨리 부자가 될 수 있다. 당연한 이야기라고 생각하는가? 그렇지만 사람들은 대부분 이것을 잊고 산다.

01

나는 왜
부자가 되려고 하는가

〈타임〉이 선정한 세계에서 가장 영향력 있는 100인 중 한 명이자 프린스턴대학교 생명윤리학 석좌교수인 피터 싱어는 자신의 책 《효율적 이타주의자》에서 다음과 같은 질문을 던진다.

"물에 빠진 소년을 구하는 것과 한 달에 2만 원씩 자선단체에 기부해 아프리카의 굶주린 아이를 살리는 것 중 무엇이 더 좋은 일인가?"

나도 수업시간에 이 질문을 많이 인용한다. 대부분의 학생들은 물에 뛰어들어 소년을 구하는 것이 '더' 좋은 일이라고 생각한다. 피터 싱어는 여기서 한 걸음 더 나아간다. 그에 따르면 물에 빠진 소년의 생명과 아프리카의 어린아이의 생명 모두 동등한 가치를 지니고 있으며, 두 행위는 (결과론적으로는) 한 명의 생명을 구하는 행위다. 그렇기 때문에 10만 원을 기부해 다섯 명의 아이를 구하는 것이 물에 뛰어들어 한 명의 소년을 구하는 것보다 5배나 더 효율적이라는 가르침을 주고 있다.

효율적 이타주의자의 차원에서 생각해보자. 부자가 되어 가난한 사람들을 도와준다면 부자는 절대선이라고도 할 수 있다. 이는 부자는 그렇지 않은 사람보다 훨씬 더 좋은 일을 할 가능성이 높다는 의미이며, 이 사회는 세상에 도움을 주는 철학 있는 부자를 원한다는 메시지일 수도 있다.

'왜 사는가?'가 아닌 '어떻게 살 것인가?' - - - - -

월파 김상용 시인의 '남으로 창을 내겠소'라는 시에는 '왜 사냐건 웃지요'라는 구절이 있다. 인간은 왜 사는가? 이 질문은 인간의 존엄성과 관련된 질문이다. 많은 철학자와 종교인들이 평생 그 답을 찾으려 하얗게 밤을 지새웠고, 심지어 우울증에 걸리기도 했다.

그런데, 과연 그들은 행복했을까? 개인적으로 생각하기에 바다도 보고, 사랑하는 사람도 보고, 좋아하는 것들도 보는 사람이 더 행복해 보이기 때문에 하는 말이다. 예를 들어, 의사로부터 암에 걸려 5년밖에 못 산다는 무시무시한 의학적 사형선고를 받은 사람이 있다. 그는 삶의 의지를 불태우며 그때부터 산에 들어가 몸에 도움이 되는 약초만 먹으며 살았다. 하던 일도 멈추고 오로지 생명을 유지하기 위해 운동하고 가족도 돌보지 않는다. 어떤 사람은 교통사고로 식물인간이 되어 10년째 병원에서 숨만 쉬고 있다. 또 어떤 사람은 죄를 짓고 감옥에서 평생 죗값을 치르고 있다. 이들의 삶을 어떻게 생각하는가? 그 삶은 허망한가? 그 사람의 아버지나 어머니라면 자식이 하루라도 더 살길 바라지 않겠는가?

이런 마음이 우리가 '왜 사는가?'라는 질문에 대한 답을 찾는 데 도움이 될지도 모른다. 하지만 이 질문에 대한 답은 인간이 찾을 수 있는 성질의 것이 아니다. 인간이 누군가에 의해 만들어진 존재라면 인간을 살게 하는 목적을 탐구할 수 있겠지만, 우리가 알고 있는 것은 오직 성경에 의한 해석과 진화론자들의 몇 가지 추측뿐이다.

'왜 사는가?'에 대한 탐구는 철학자들에게 숙제로 남겨두고, 우리는 '어떻게 살 것인가?'에 집중해야 한다. 어떻게 살 것인가? 부자로 살 것인가, 평생 가난하게 살 것인가? 건강하게 살 것인가, 평생 아프며 살 것인가? 이제 이 질문에 대한 답을 고민하면서 살아야 할 것이다.

인생 철학으로서의 재테크 -----

로버트 콜리어는 《나를 부자로 만드는 생각》에서 "이 세상에서 일어나는 불행과 참담함의 열에 아홉은 가난에서 비롯된다"고 말했다. 가난은 악덕이다. 성경에도 "무릇 있는 자는 받아 풍족하게 되고 없는 자는 그 있는 것까지 빼앗기리라"라는 구절이 있다.

종교적으로, 특히 기독교에서 성경의 몇 개 구절 때문에 부자가 되는 것이 죄가 된다는 오해를 받아왔다. 독실한 신부들의 청교도적 삶 때문에 그런 오해가 오랫동안 유지되었을지도 모른다.

오히려 성경에는 부유함은 축복으로 보는 구절이 자주 등장한다. 창세기와 고린도후서를 보자.

"하나님이 그들에게 복을 주시며 그들에게 이르시되 생육하고 번성하여 땅에 충만하라, 땅을 정복하라, 바다의 고기와 공중의 새와 땅에 움직이는 모든 생물을 다스리라 하시니라."

"우리 주 예수 그리스도의 은혜를 너희가 알거니와 부(富)요하신 자로서 너희를 위하여 가난하게 되심은 그의 가난함으로 인하여 너희로 부요케 하려 하심이니라."

불교에도 비슷한 관점이 존재한다. 불교에서는 나의 일이 잘 풀리기 위해서는 남에게 먼저 베풀어야 한다고 가르친다. 이를 보시(布施)

라고 하는데, 크게 법보시와 재물보시 두 가지로 구분된다.

법보시는 첫째, 산목숨을 죽이지 않는 것, 둘째는 주지 않는 남의 물건을 갖지 않는 것, 셋째는 남의 아내를 범하지 않는 것, 넷째는 거짓을 말하지 않는 것, 다섯째는 술을 마시지 않는 것이다. 그런데 이 다섯 가지와 대등한 큰 범주의 보시가 바로 '재물'이다. 불교에서도 재물은 보시를 할 수 있는 큰 수단인 것이다.

재물이 없는 자가 할 수 있는 보시행도 있다. '신시'(身施, 육체로 하는 봉사. 자기 자신의 몸을 바치는 것), '심시'(心施, 타인이나 다른 존재에 대한 자비심을 갖는 것), '안시'(眼施, 호의를 담은 눈으로 사람을 보는 것), '화안시'(和顔施, 부드럽고 온화한 얼굴을 항상 지니는 것), '언시'(言施, 친근미가 가득한 따뜻한 말로 이야기하는 것), '좌시'(座施, 자기 자리를 양보하는 것), '방사시'(房舍施, 다른 사람에게 하룻밤 숙소를 제공하는 것)가 그것인데, 이를 '무재칠시'라 한다.

어느 날, 어떤 이가 석가모니를 찾아가 이렇게 호소했다고 한다. "저는 하는 일마다 제대로 되는 일이 없으니 이 무슨 이유입니까?" 부처가 대답했다. "네가 남에게 베풀지 않기 때문이다." 아무것도 가진

게 없기 때문에 남에게 줄 것이 없다는 그에게 석가모니는 다시 이렇게 대답했다. "그렇지 않다. 아무 재물이 없더라도 줄 수 있는 것은 일곱 가지가 있느니라."

재물이 없는 자는 이렇게 남을 도우라고 가르친다는 것은 역설적으로 재물이 있다면 다른 방식으로 사람을 도울 수 있다는 의미가 된다. 무소유를 강조하는 불가이지만 남을 도울 수 있는 힘이 있는 자를 내치지는 않는 것이다.

몇 년 전, 한 제자가 회사에서 승진이 안 된다고 푸념해 이런저런 이야기를 들어준 적이 있다. 안타까운 마음에 같은 회사에 다니는 다른 분을 만나 그 제자의 승진 건에 대해 이것저것 알아봤다. 그랬더니 뜻밖의 대답이 돌아왔다.

"그 친구, 사람은 좋은데 인간성이 좀 그래요."

"무슨 말인지? 사람이 좋으면 인간성이 좋은 거 아닌가요?"

"그 친구가 항상 밝게 웃고, 온화한 얼굴을 하고, 친근미가 가득한 따뜻한 말도 잘하고, 양보도 잘하지요."

그야말로 불교에서 말하는 무재칠시를 실천하고 다닌다고 한다. 그런데 왜 인간성이 "좀 그렇다"고 할까? 내가 다시 묻자 잠시 침묵하던 그가 말을 이었다.

"그 친구가 밥을 한 번 안 사요."

모든 것이 이해가 갔다. 돈이 아까운 것이다. 몸으로 때우는 일은 할 수 있는데, 내 돈이 나가는 것은 아깝다는 것이다. 동료들 모두 똑같이 월급을 받는 사람들이다. 그런데 밥을 먹을 때도, 술을 한잔할 때도 얻어먹기만 하면 좋아할 사람이 없다. 밥을 사는 것이 인간성이다. 인간성이 좋은 사람이 승진도 빠르다는 것이다.

선물은 내 것을 남에게 주는 것이다. 가장 아까운 나의 돈을 가족이 아닌 남에게 준다는 것은 뼈를 깎는 아픔이 있다.

돈은 살면서 많은 사람을 실질적으로 돕는다. 아니, 실질적인 도움을 주기 위해서는 돈이 필요하다. 병원비가 없어 치료를 못 받는 가난한 친구에게 필요한 것은 따뜻한 말보다는 실질적인 도움이다. 굶어 죽어가는 가난한 나라의 아이들에게도 마찬가지다. 단 1달러라도 물질적인 도움을 줘야 한다.

먹고살기도 바쁜 가난한 사람이 어찌 남을 도울 수 있겠는가? 부자가 된다는 것은 내가 잘 먹고 잘사는 것뿐 아니라, 누군가를 도와줄 능력을 갖춘 사람이 된다는 뜻이기도 하다.

부의 2가지 가능성 - - - - -

부는 '생산적' 가능성과 '파괴적' 가능성을 모두 가지고 있다. 둘 중 어느 쪽의 가능성이 나타날지는 부를 가진 사람이 평소에 가지고 있는 철학과 가치관에 달려 있다.

평소에 생명의 존엄성과 인류애를 바탕으로 한 생산적이고 품위있는 철학을 가지고 있는 사람이 부를 사용한다면 부의 긍정적인 확대 재생산으로 나타날 수 있다. 부가 생산적으로 소비되면 역시 부의 확대 재창출과 함께 개개인의 자존감이 높아지고 더불어 사회 전체에 행복감이 충만해진다.

이와는 반대로, 평소에 파괴적이고 질이 낮은 철학을 가지고 있는 사람이 부를 사용하면 파괴적 가능성과 인간성 상실을 동반하는 부의 소멸로 나타난다. 이처럼 부가 낭비적으로 투자되면 자아와 이웃을 불행에 빠뜨리고 기업의 기반을 파괴해 부가 소멸된다. 결국, 경제 기반을 파괴하고 사회를 황폐하게 만든다.

이제 선택을 해야 한다. 다함께 잘사는 부자가 될 것인가, 혼자 잘사는 부자가 될 것인가? 똑같은 부자이지만, 여러분이 임종의 마지막 순간 가족이나 친지, 이웃들이 안타까워하는 죽음을 맞이할지, 모든 사람이 "저 친구 돈만 모으다 비참하게 죽었어" 하는 말을 들으며 눈을 감을지 선택해야 한다는 것이다.

지금 이 순간에도 매일 약 2만 명이 굶어 죽고 있다고 한다. 7초마다 어린아이 한 명이 굶어 죽는다. 이런 절대적 빈곤의 상황에서 어떤 이는 범죄를 계획하고, 어떤 이는 자살을 시도한다. 3일 굶으면 담을 넘는다는 속담대로, 내가 궁핍하면 나밖에 모르는 사람이 되어 범죄를 저지를 수 있게 된다.

누가 이들을 구할 것인가?

현실적으로 이것이 가능하려면 인간애를 가진 착한 부자들이 많아 지는 수밖에 없다.

02

부자가 되는
2가지 방법

가족과 함께 보라카이로 여행을 갔을 때였다. 한국전쟁 당시 제일 먼저 달려와 우리를 도와줬던 필리핀, 어렸을 적 선진국으로 알았던 필리핀이 상당히 낙후된 것을 보고 많이 놀랐다. 하지만 필리핀 사람들의 삶을 보니 많이 부럽다는 생각도 들었다.

필리핀의 식당과 호텔에는 한가롭게 쉬고 있는 종업원들이 너무 많았다. BPR(Business Process Re-engineering)에 관심이 많아 이런저런 계산을 해보니 호텔은 인원을 70% 감축해도 끄떡없을 것 같았고, 식당도 서빙하는 사람을 반으로 줄여도 그대로 운영될 수 있을 것처럼 보였다.

이들은 한 사람이 받을 월급을 세 사람이 쪼개서 받고, 일을 조금만 하고 돈도 덜 받는 것으로 타협을 한 것 같다. 월급 15만 원을 받고 행복한 삶을 영위하는 것을 보니 많이 부러웠다. 책 제목처럼, '멈추면 비로소 보이는' 삶이 그곳에서 펼쳐지는 것이다.

우리나라는 어떠한가? 내 기억에 국민소득이 1만 달러였을 때가 제일 행복했던 것 같다. 대학 등록금도 100만 원 미만이었고, 라면도 몇백 원이면 사먹을 수 있었다. 하지만 1인당 국민소득 3만 달러 시대에 진입한 지금은 5인 가족의 수입이 1억 원이 넘어도 평균 이하의 삶이 된다.

대학교수도 대리운전을 해야 가족을 먹여 살릴 수 있다는 농담이 술자리에서 공공연해진 지도 오래다. 최근 뉴스를 보면 좀 더 많은 수입을 창출하기 위해 직장인 대부분이 두 번째, 세 번째 일, 즉 N잡을 고민하고 있는 것을 알 수 있다. 하지만 회사에서 파김치가 되도록 일하고 저녁시간에 두 번째 일을 시작하기에는 신체적으로도, 시간적으로도 불가능한 것이 평범한 직장인의 사정이다.

돈을 벌기 위해서는 분명 일을 해야 한다. 다행스러운 점은 내가 일을 하지 않고 돈을 버는 방법이 있다는 것이다. 바로 재테크다. 재테크는 내가 아니라 돈이 일을 한다. 재테크는 절약을 통해 개미처럼 돈을 모으고, 투자를 통해 재산을 늘린다.

일을 안 하고 돈을 버는 것은 죄인가? 공학을 전공하는 제자들에게 물어보면, 일을 안 하고 돈을 버는 것을 나쁘게 생각한다. 하지만 증권사 직원은 (비록 남의 돈을 벌어주는 것이기는 하지만) 대표적인 재테크 방법인 주식투자, 채권투자를 하는 것이 '일'이다. 증권사 직원들의 월급이 많은 것을 보면, 재테크도 굉장히 힘든 일이라고 할 수 있다.

정리하면, 부자가 되는 두 가지 방법의 하나는 열심히 '일'을 하는 것이고, 또 하나는 돈이 돈을 버는 '재테크'를 잘하는 것이다. 한동안 베스트셀러였던 《시골의사의 부자경제학》의 박경철 작가는 부자가 되기 위한 재테크의 세 가지 원칙을 제시한다. 첫째는 "자기 스스로 만족할 수 있는 부자의 기준"이고, 둘째는 "자신의 능력을 향상시켜

자산가치를 높이려는 노력"이다.

어렸을 때 부모님이 누나들과 대화하는 내용을 들은 적이 있다. 능력 있는 사람과 부잣집 아들 중에 누구를 선택하느냐의 문제였다. 당시는 자유연애보다는 중매가 대세였던 시절이었다. 부모님은 능력 있는 사람을 선택하시는데, 능력 있는 월급쟁이가 그만큼의 자산가치가 있기 때문이었다. 월수입이 300만 원이라면 15억 원을 정기예금으로 은행에 저축했을 때 받는 이자와 같다. 다시 말해, 자산 15억 원을 가진 사람과 같다는 이야기다.

셋째는 은퇴 후 노후자금에 관련된 내용이다. 투자수익률을 조금이라도 높이는 '비율'의 개념으로 접근하라는 것이다. 이는 복리수익률에 대한 이야기로, 부자함수를 설명하면서 충분히 다룰 예정이다.

재테크에 성공한 사람의 5원칙 - - - - -

성공학의 대가 나폴레온 힐은 세계 최고의 부자 카네기의 유지를 받들어 20년간 500명이 넘는 사람들을 인터뷰해 성공 원리를 정리했다. 그렇게 탄생한 성공학의 고전 《놓치고 싶지 않은 나의 꿈 나의 인생》에는 다음과 같은 6단계의 성공 철학이 나온다.

1단계: 바라는 돈의 금액을 명확히 하라.

2단계: 가지고 싶은 돈을 얻기 위해 어떤 노력을 할지 결정하라.

3단계: 소망을 달성할 기한을 결정하라.

4단계: 준비가 되어 있지 않다고 해도 지금 당장 행동에 옮겨라.

5단계: 지금까지의 단계를 종이에 상세히 기입하라.

6단계: 이 선언문을 1일 2회, 잠자리에 들기 전에 큰 소리로 읽고 이미 달성한 것처럼 여기며 그대로 믿어라.

나폴레온 힐의 철학을 빌려 나름의 성공 원칙을 다음과 같이 새롭게 정리했다.

원칙1. 불타는 소망을 갖는다

에디슨을 사업가로 대성할 수 있게 만든 원동력은 동업자 에드윈 반즈였다. 그는 원래 가진 것 없는 가난한 청년이었다. 그럼에도 그는 에디슨의 사업 파트너가 되겠다고 간절히 소망했고, 천신만고 끝에 에디슨을 만나 함께 일할 수 있었다.

비록 말단사원이었지만 반즈는 반드시 에디슨의 동업자가 되겠다는 일념으로 일하면서 자신의 능력을 증명할 기회를 노렸다. 그러다 아무도 거들떠보지 않았던 에디슨의 발명품 '에디폰'을 상품화할 기회를 잡았고, 이를 계기로 세계 최고의 전자제품회사인 GE를 에디슨과 함께 설립할 수 있었다.

열망의 다른 이름은 목표의 명확성이다. 인생의 목표를 달성하도록 인내하는 열정이 바로 열망이다. 꿈을 꾸기만 해서 달라지는 것은 없다. 불타오르는 소망, 즉 열망을 가져야만 실제로 변화가 일어나는 것이다.

무엇을 얻고 싶은가? 그것을 결정하는 것만으로도 부자가 되는 인생의 첫 발걸음을 내디딘 것이나 다름없다. 강렬한 소망은 반드시 실현된다.

원칙 2. 확고한 신념을 갖는다

범죄심리학에서는 처음 죄를 범한 범죄자라면 누구든 고민하고 슬퍼하지만 이런 일이 두세 번 반복되다 보면 죄의식이 없어져버린다고 한다. 어떤 정신상태라도 되풀이해 잠재의식에 주입하면 차츰 성격이 변해가며, 결국 전혀 다른 사람이 된다는 것이다.

'지속'적이고 '반복'적인 생각을 통해 특정 행동이 만들어진다는 점에 주목하라. 신념은 자신의 사고에 생명력을 주고, 자신을 일으켜 세우는 명약이 된다. 신념을 단련하는 유일한 방법이 바로 '반복'이다.

자기암시의 힘을 사용해 잠재의식 속에 선언하라. 중도에 포기하는 자는 결코 승리하지 못한다. 승리하는 자는 포기를 모른다. 땅속의 금보다 훨씬 많은 금이 인간의 생각에서 나왔다. 마음이 작용하는 근본에는 신념이 있다. 신념이 생각으로 이어질 때 잠재의식이 자극되고, 의욕과 무한한 지력이 솟아나오는 것이다.

현재 하고 싶은 것도, 갖고 싶은 것도 없다면 미래는 존재하지 않는다. 지금 당장 이루고 싶은 것들을 종이에 써보기 바란다. 그것만으로도 그것이 이뤄질 가능성은 높아진다. 간절히 원한다면 더 빨리 이뤄낼 수 있을 것이다.

원칙3. 성공에 대한 잠재의식을 깨운다

부를 쌓고 성공하기 위해서는 에너지가 필요하다. 행동을 일으키는 데 쓰일 에너지가 충분하지 않다면 제아무리 훌륭한 계획이라도 쓸모없는 것이 되고 만다.

인간의 마음은 행동을 일으키는 일종의 에너지며, 본질적으로 정신적인 것에 해당한다. 나폴레온 힐에 따르면 건설적인 감정에는 소망, 희망, 로맨스, 정열, 에로스, 애정, 신념이 있고, 파괴적인 감정에는 공포, 분노, 미신, 탐욕, 원망, 증오, 질투가 있다. 인간의 두뇌는 건설적인 감정과 파괴적인 감정이 동시에 지배할 수 없다. 따라서 건설적인 감정을 통해 파괴적인 감성을 지워나가는 것이 좋다.

잠재의식을 깨운다는 것은 자신의 잠재의식에 대한 믿음이 바탕이 되어야 한다. 자기암시란 오감을 통해 스스로가 자기 마음에 주는 암시나 자극으로, 지속적이고 긍정적인 자기암시를 통해 우리 안에 잠들어 있는 성공한 사람, 즉 나 자신을 깨울 수 있다.

잠들기 전에 암시의 말을, 이미 그것을 획득했을 때의 모습을 마음속에 그리며 또렷한 목소리로 읽어보자. 암시의 말이 진실로 내 것이 될 때까지 시간이 날 때마다 읽고, 눈에 띄는 모든 곳에 암시의 말을 붙여 마음을 자극하라. 그러면 잠재의식이 움직이는 것을 실시간으로 느낄 수 있을 것이다.

원칙4. 구체적인 재무 목표를 세우고 계획을 조직화한다

인간이 무엇인가를 창조하거나 성취할 수 있었던 것은 태초부터 소망이 있었기 때문이다. 하지만 소망이 소망으로 끝나버리면 아무것도 이룰 수 없다. 소망은 상상력의 작용에 의해 추상적인 세계에서 구체적인 세계로 발전하고, 그 달성 계획을 만들고 합성되는 것이다.

계획을 세우기 위해서는 필요한 인재를 최대한 많이 모으고, 협력자들에게 힘을 빌리기 전에 그들의 협력에 어떻게 보답할 것인지 결정한 후, 협력자들과 최소한 주 3회 정도 만나 계획이 달성될 때까지 이를 계속해야 한다. 무엇보다 협력자들과 마음이 통하도록 항상 노력해야 할 것이다.

계획을 세울 때 가장 중요한 것은 '어떤 사람들'을, '어떻게 모아서', '어떻게 사용할 것인가'다. 이는 리더십과 대단히 밀접한 관계가 있는

데, 계획은 사람을 조직화한다는 것과 같은 의미로 볼 수 있다.

인간은 리더와 팔로워 두 가지 형태로 살아간다. 리더는 지도자이고 팔로워는 종속자다. 우리가 삶을 살아나갈 때, 처음부터 리더가 되든지 팔로워로 살든지 목표를 분명하게 할 필요가 있다. 팔로워라도 개인의 노력과 상상력에 따라 리더가 될 수 있다.

근대 경영학의 아버지 피터 드러커는 《리더가 되는 길》에서 "리더의 모습은 천차만별이고, 이 중 카리스마가 있는 리더는 드물다"라고 말했다. 피터 드러커는 자신이 경험한 리더 중에는 사교적인 리더도 있고 사교적이지 않은 리더도 있었으며, 온화하고 관용적인 사람과 반대로 엄하고 간섭하기 좋아하는 사람, 충동적이며 행동이 빠른 사람과 세심한 고려를 통해 결정하는 사람, 따뜻해 보이는 사람과 냉정해 보이는 사람, 허영심이 강한 사람과 꾸밈이 없는 사람 등 성격이 매우 다양했지만, 단 한 가지, 따르는 사람이 있다는 공통점이 존재했다고 밝혔다. 영웅적인 리더나 카리스마 넘치는 리더는 찾아볼 수 없었다.

원칙5. 결단은 칼같이 내린다

실패자가 되는 여러 원인 중에는 '하루만 미루기', 즉 결단력의 결여가 높은 순위를 차지한다. 발 빠르게 결단을 내리라는 말은 다수의 의견이 존재하는 사회에서 남의 생각에 쉽게 동조하라는 것이 아니다. 올바른 판단력을 가지되 용기 있게 행동하라는 의미다.

세상에서 의견은 가장 값싼 상품이다. 누구든 의견이란 것을 갖고 있기 때문이다. 세상 물정 모르는 어린아이도 의견을 갖고 있다. 그러니 남의 의견에 현혹되어 신념이 없는 결단을 내리는 것이 아니라 자신의 결단에 따라야 한다.

단호한 결단을 내리기 위해서는 입을 굳게 다물고, 눈은 크게 뜨고, 귀를 기울여야 한다. 또 단호한 결단을 내리는 데는 용기가 필요한데, 때로는 과감해야 할 때도 있다.

투자에도 강력한 결단이 요구된다. 여러 사람의 조언을 들어보는 것도 좋지만, 자신이 충분히 생각했다면 남의 말보다 자신이 투자하려고 했던 이유를 다시 한 번 고려한 후 강력하게 자신의 의지를 펼쳐야만 성공할 수 있다.

재테크는 어쩔 수 없이 참을성을 필요로 한다 - - - - -

인간의 평균수명은 매년 1년씩 길어지고 있다. 세계에서 가장 빠른 속도로 고령화가 진행된 우리나라는 현재 65세 이상 고령인구가 전체 인구의 15.7%에 달하며, 2060년에는 43.9%가 되어 초고령사회에 진입할 것으로 예측되고 있다.

우리는 평균수명보다 더 오래 사는 것에 대비하기 위해 투자(저축)를 하고, 더 일찍 죽을지 모르는 위험에 대비하기 위해 보험에 가입한다. 노년기에 공통적으로 겪게 되는 질병과 고독, 무위, 가난은 국가 차원의 노력이 근본이 되어야겠지만, 현실적인 해결책은 은퇴 후를 보장하는 넉넉한 '재산'이 가장 확실하고 간단하다. 그래서 우리는 재테크를 한다.

한 가지 기억해야 할 것은, 재테크는 어쩔 수 없이 참을성을 필요로 한다는 사실이다. 대표적인 재테크 수단인 저축은 현재를 희생해서 미래를 대비하는 것이다. 이렇게 말하면 현재를 무엇보다 중요하게 여기는 최근의 추세에 정면으로 맞서는 꼴이긴 하지만, 미래를 대비하지 않으면 우리가 맞이하게 될 노후는 비참할 수밖에 없다.

미래에 있어서 현재는 과거일 뿐이다. 가끔은 눈을 감고 미래를 상상해보라. 머리는 하얗게 세고, 허리는 구부정해져서 활기차게 뛰어다니며 일할 기력이 없다. 그 순간, 나는 얼마나 행복하게 살고 있을 것인가? 행복할 자신이 없다면, 지금이라도 미래를 위한 준비를 해야겠다는 생각이 들지 않는가?

03

부자는
운을 준비한다

남들이 성공하면 운이 좋았다고 말하는 사람들이 있다. 성공한 사람은 정말 운이 좋은 사람일까? 사람들이 성공을 질투하고 시기하는 것은 아닐까?

댈러스 매버릭스의 구단주로 유명한 마크 큐반은 그가 창업한 마이크로솔루션즈를 57억 달러에 야후에 매각하며 17억 달러, 우리 돈 1조 7,500억 원을 손에 쥐었다. 이를 두고 많은 사람이 운이 좋다고

평가한 것에 대해 그는 이렇게 말했다.

"스스로 번 돈은 스스로 만든 행운으로부터 온다."

운에 대한 과학적 실험 - - - - -

우연이라는 단어가 존재하듯, 운이라는 것도 분명 존재한다. 하지만 운이 있는 사람과 운이 없는 사람으로 구분되는 것은 우연이라는 단어만큼 과학적이지 않다.

　수많은 과학자들이 운이 좋은 사람과 운이 나쁜 사람을 구분할 수 있는지 과학적으로 증명하려 했다. 한 실험에서는 참가자들을 운이 좋다는 사람과 운이 좋지 않다는 사람 두 그룹으로 나눠 주사위를 던져 나온 숫자가 큰 쪽이 승리하는 게임을 진행했다. 운이 좋은 쪽 사람들이 과연 승률이 높았을까? 주사위를 100회 이상 던지게 한 결과, 횟수가 거듭될수록 승률은 50%에 가까워졌다. 운이 있는 사람과 없는 사람을 구별할 수 없음이 과학적으로 증명된 것이다.

투자회사 템플턴그로스의 대표이자 가치투자의 대가 존 템플턴은 스스로 운이 좋다고 생각하는 사람은 평생 나쁜 일은 기억하지 않고 좋은 일만 기억하는 경향이 있다고 말했다.

결국, 운이 좋은 사람들은 밝고 긍정적인 사람들이다.

운명을 알 수 있을까? - - - - -

우리는 매년 초가 되면 한 해의 운세를 알아보려고 애쓴다. 정치인들은 선거 때가 되면 용한 점집에서 자신의 운명을 점치기도 한다.

과연 운명을 알 수 있을까? 공학을 가르치는 과학자로서 운명을 점치는 대표적 학문인 명리학을 공부하면서 내가 내린 결론은 '운명은 개척하는 것'이라는 사실이다.

'사주'는 크게 명리학과 당사주로 나뉜다. 명리학은 한 사람의 태어난 년, 월, 일, 시를 네 개의 기둥으로 잡고 천간과 지지의 여덟 글자를 중심으로 음양오행의 상생 상극의 원리를 따진다. 그래서 '사'주'팔'자라는 말을 사용한다. 반면 당사주는 오직 12성(천귀, 천액, 천권, 천파, 천간, 천문, 천복, 천역, 천고, 천인, 천예, 천수)의 조우로 길흉을 판단한다.

명리학의 사주와 당사주는 근본 원리가 다르고 구조가 다르기 때문에 완전히 다른 해석이 나온다. 그러므로 명리학과 당사주는 둘 중에 한 가지가 옳든지, 둘 다 다르든지로 결론 내릴 수 있다. 또한 명리학에서도 명리의 해석을 어떻게 하느냐에 따라서 적천수, 난강망 등여러 학파가 있고 그들만의 비기가 있어 어느 학파가 옳다 그르다 할수 없기 때문에 과학적으로 누군가를 믿어야 되는 상황, 즉 종교가 될수밖에 없다. 같은 학파라도 각각의 공부의 양이 다르고 수준의 차이도 있어 해석이 제각각이라 개인적으로는 누구도 믿을 수 없다는 생각이다.

주역도 마찬가지다. 주역은 음양론에 근거하여 건, 곤, 둔, 몽, 수, 송, 사 등 64개의 괘를 뽑는다. 2시간을 기준으로 한 개의 괘를 뽑아 점을 치는 방식인데, 과학적으로 보면 같은 상황에서 2시간 동안 두 번이든 세 번이든 같은 괘가 나와야 하는 것이 당연하지만 확률적으로 64분의 1로 괘가 나온다.

결국 명리학과 마찬가지로 주역 또한 과학이 아니라 그냥 점일 뿐이라는 결론에 이른다. 딱 한 번 궤를 뽑는 데 얼마나 정성을 다해 기도를 했느냐의 종교적인 문제로 귀결될 뿐인 것이다.

주역을 연구하는 사람들 중에는 주역이 단지 점이 아니고 인생 철학이라고 하는 사람도 있다. 왜 그럴까? 생각해봤는데, 점이 잘 안 맞아서였을 것이다. 당장 내일 어떤 일이 벌어질지 모르는 상황에서 나의 운명을 알 수 있는 도구가 있다는 것은 어불성설이 아닐까 싶다.

확실한 것은 하나다. 운명은 개척하는 것이라는 사실이다.

복권을 사지 않으면 당첨되지 않는다 - - - - -

주변의 성공한 사람들을 보면 분명 열심히 사는 사람들임에 틀림없다. 공무원 준비를 하는 학생들만 봐도 운이 좋아서 합격하는 사람은 없는 것 같다. 시험을 치를 때 절대 공부시간이라는 것이 있는데, 시험에 매번 떨어지는 수험생들은 대체로 공부는 하지 않고 책만 바꾸고 있는 경우가 많다. 반면 열심히 하는 친구들은 책이 누더기가 되도록 복습한다.

법정 근무시간이 52시간으로 줄어들면서 학부모들이 부업을 통해 부족한 자금을 충당한다는 기사가 많았다. 52시간이면 하루 8시간씩 6일하고 반나절이다. 공부가 주업인 학생들도 최소한 52시간은 공부 해야 하지 않을까. 기본적인 공부시간도 못 지키면서 남들보다 더 성 공하기를 바라는 것은 요행을 바라는 것 그 이상도, 이하도 아니다.

2부

---ㅣ---

부자함수:
공학으로 밝혀낸
부자 방정식

---ㅣ---

MICRO PIPELINE

과거에는 무조건 열심히 살기만 해도 부자가 될 수 있었다. 자수성가하는 데 공식 따위는 필요 없었다. 하지만 지금은 다르다. 시장이 고도화되었고, 재테크에 대한 지식이 많아졌으며, 주먹구구가 통하지 않는 세상이 된 것이다. 오늘날의 재테크는 보다 체계적이지 않으면 안 된다.

재테크를 체계적으로 만들어주는 것은 무엇일까? 다양한 요소가 있겠지만, 그중에서 수익률, 절약, 파이프라인, 부자상수 K라는 4가지 요소만큼은 반드시 놓치지 않아야 한다.

04

부자는 어떻게
부자가 되었는가

부자가 되기 위한 가장 좋은 방법은 주변에 있는 부자들을 찾아 그들

이 어떻게 돈을 벌고 있는지 알아내는 것이다. 우리 주변을 살펴보자.

빼곡히 들어선 빌딩, 촘촘한 상가, 수천 명이 식사를 하고 있는 대형

레스토랑… 수도 없이 많은 부유함의 상징들을 찾을 수 있다. 스스로

훌륭한 부자를 찾아 그를 멘토로 삼아 그 해답을 찾아간다면 최소한

그들만큼의 부자가 될 수 있지 않을까?

물론 부자를 만나기도 어렵고, 실제로 부자를 만나게 되더라도 쑥스럽기만 할 수도 있다. 그런 면에서 나는 운이 좋은 편이다. 대학원 시절에는 최고경영자과정 조교를 하면서 비교적 성공한 사람들을 만났고, 삼성그룹 정보화 교육 특별과정의 조교로 삼성그룹 부회장 네 명을 포함해 80명 임원들을 가까이서 볼 수 있는 기회를 얻기도 했다. 지금은 대학교수란 신분으로도 쉽게 사적으로 만날 수 없는 사람들이다.

그들에게서 발견한 공통점은 항상 밝은 얼굴과 함께 긍정적인 단어를 사용하고, 행운을 습관처럼 달고 다닌다는 것이었다. 그것이 계기가 되어 성공하는 사람들, 부자들에 대한 관심이 많아졌다. 관련 도서들을 대부분 찾아 읽고, 성공한 사람들과 수많은 대화를 통해 무엇이 부자를 만드는지를 연구했다.

그리고 이를 통해 공학도로서 할 수 있는 가장 쉬운 열매인 '부자함수'를 도출해냈다. 부자들만이 알게 모르게 체화하고 공유하고 있는 부자함수를 요약하면 다음과 같다.

부유함 = 부자상수 $K \times f$(투자수익률, 절약, 부의 파이프라인)

부자상수 $K = f$(부자가 되려는 의지, 부자 습관, 위험관리)

부유함은 투자수익률, 절약, 파이프라인이라는 요소를 가진 함수이고, 여기에 부자상수 K를 곱하는 형태로 구성되어 있다. 물론 이 함수를 통해 부유함은 몇 점이라는 식으로 정확한 숫자가 나오는 것은 아니다. 다만 투자수익률과 절약, 부의 파이프라인이 부유함을 결정하고, 이들과 함께 부자상수가 승수 작용, 즉 전체적인 부를 몇 배로 불려준다는 수식이다.

투자수익률

모든 재테크 관련 도서에서 공통적으로 다루고 있는 요소는 투자수익률이다. 예를 들어, 빌 게이츠는 사업을 시작한 지 20년 만에 세계 제1의 부자가 되었는데, 최근 15년 동안의 연평균 수익률은 40%에 달한다.

이렇게 높은 수익률만 올린다면 누구든 빌 게이츠처럼 부자가 될 수 있다. 문제는 아무나 높은 수익률을 달성하는 게 아니라는 점이다. 후술하겠지만, 단 1%의 수익률만 차이가 나도 그 결과는 엄청나게 달라진다. 이 책에서는 단 1%의 수익률이라도 더 챙겨 남들보다 더 부자로 살 수 있는 실천적인 재테크 마인드를 갖는 데 주력하겠다.

절약

부자함수의 두 번째 요소는 절약이다. 동서고금을 막론하고 절약하지 않고는 절대 돈을 모을 수 없다. 돈이 생기는 대로 다 소비해버리면 남는 돈이 없고, 결국 신용카드라는 빚에 의지하게 된다.

절약 없이 부자가 될 수 있다는 말은 절대 거짓이다. 돈이 모이려면 '수입>지출'이 성립되어야 하고, 그 차이가 클수록 모이는 돈도 많아진다는 것은 절대 변하지 않는 진리다. 특히 직장인들처럼 월급에 의존하는 사람들은 쪼개고 쪼개어 여유자금을 만들어놓아야 한다. 평생 결혼하지 않을 계획이거나, 이사를 가지 않을 예정이거나, 큰 병을 앓지 않을 수 있다면, 즉 현상유지가 목적이라면 여유자금을 모을 필요는 없다. 하지만 그럴 수 없다면 절약해서 여유자금을 만들어놓는 수밖에 없다.

빚이 많은 부자도 있다. 그러나 언젠가는 갚아야 할 빚으로 부자 생활을 누린들 무슨 소용이 있을까? 유일한 재테크 방식은 빚을 빨리 갚는 것이며, 가능한 이자가 낮은 대출을 활용하는 것뿐이다.

부의 파이프라인

부자함수의 세 번째 요소는 저절로 돈이 생기는 파이프라인이다. 파이프라인이란 용어는 버크 헤지스가 《파이프라인 우화》에서 처음 사용한 개념으로, 나는 이것을 부자함수의 중요한 세 번째 요소로 보고 있다.

파이프라인의 대표적인 사례가 임대료 수입이다. 부자들의 공통점 중 하나는 집이 있다는 것이고, 이들의 부유함은 임대료 수입인 경우가 많다. 이처럼 내가 일을 하지 않아도 지속적으로 돈이 나오는 돈줄이 바로 파이프라인이다.

본업 외에 수입원이 따로 있다는 것은 여러 가지 장점이 있다. 추가 수익이 생긴다는 것은 말할 것도 없고, 본업의 수입과 파이프라인 둘 중 하나에 문제가 생기더라도 상호보완이 가능하다. 따라서 파이프라인이 많을수록 부자가 되기에 더욱 유리하다.

부자상수 K

네 번째 요소인 부자상수 K는 부자함수의 핵심이다. 부자상수 K는 함수에서 보는 바와 같이 위 세 가지 요소를 합친 것에 부자상수 K를 곱하게 되어 있다. 즉, 부자상수 K가 클수록 승수 효과로 인해 다른 사람보다 더 쉽게, 더 빨리, 더 큰 부자가 될 수 있는 것이다.

부자상수 K는 구체적으로 도출되는 숫자는 아니다. 부자상수 K가 '부자 습관'과 '부자가 되려는 의지', '위험관리'로 이루어져 있기 때문이다. 여기서 '부자 습관'은 부자의 자질이라고도 할 수 있는데, 이는 부를 끊임없이 창출하고 지키는 관점에서 큰 의미가 있다.

부자가 되기 위한 과정에서 가장 중요한 요소는 '부자가 되려는 의지'다. 대통령이 되고 싶은 사람 중에 한 명이 선거를 통해 대통령이 되고 회사 임원이 되고 싶은 사람들 중 하나가 경쟁을 통해 임원이 되듯이, 부자가 되려는 강력한 의지가 있는 사람만이 치열한 노력을 통해 부자가 된다는 것을 알아야 한다.

'위험관리'는 투자 포트폴리오로 이해하면 쉽다. 기본은 분산이다. 주식이든 부동산이든 투자를 할 때 한 종목에만 '올인'한다면 그 종목이 잘못되었을 때 '오링'되는 상황이 발생할 수 있다. 그런 상황을 피

2부 부자함수: 공학으로 밝혀낸 부자 방정식

하기 위해 분산투자를 해야 한다는 것이다.

위험은 상대적이다. 같은 위험이라 해도 사회적 경험치가 쌓일 때마다 그 정도가 달라지기도 한다. 그래서 리스크 매니지먼트라는 말이 나온 것인지도 모른다.

이 부자함수는 너무나 당연한 것처럼 보이지만 아는 것과 실천하는 것은 별개의 문제다. 부자가 되는 것은 결국 우리들의 선택이다.

각각의 개념에 대해 이제부터 자세히 살펴보도록 하자.

05

부자함수 1요소: 수익률

지난 100년간 100만 원을 투자했을 때 가장 큰 수익률을 준 것은 첫째가 복리예금, 둘째가 채권, 세 번째가 부동산, 다음이 주식이라고 한다. 100년이라는 오랜 시간 때문인지는 몰라도 우리가 알고 있는 상식과는 거리가 있어 보인다. 아마도 일반적인 경우 남의 돈을 사용하지 않은 상태에서의 투자는 복리예금이 가장 좋다는 말인 듯하다.

정확한 숫자는 알 수 없지만, 부동산과 주식의 매력은 돈을 빌려서 투자할 수 있어 '레버리지' 효과를 기대할 수 있는데, 이 레버리지 효과 덕분에 큰 부자들이 많아지기 시작했다.

복리(複利)란 이자에 또 이자가 붙는 것을 말한다. 원금에만 이자가 붙는 단리(單利)와 달리 복리는 시간이 지날수록 무시무시한 힘을 발휘한다. 지난 400여 년간 쉴 새 없이 조롱의 대상이 되었던 알래스카 이야기는 이제 그만둬도 될 것 같다.

연이자율은 1년 동안 지불해야 할 원금에 대한 이자의 비율(%)이다. 연이자율 계산 방식에는 단리법과 복리법이 있다. 단리는 매년 동일한 이자가 발생하는 형태이며, 복리는 발생한 이자가 원금과 합쳐져 그 원금과 이자의 합계액에 다시 이자가 발생하는 형태다.

은행에서 일반적으로 사용하는 연이자율 계산 방식이 복리다. 예를 들어, 10만 원에 대한 연이자율이 10%라면 1년간 은행에 맡긴 값으로 1만 원(10만 원×0.10)의 이자를 받을 수 있다.

단리든 복리든 첫해의 이자는 동일하다. 하지만 2년차부터는 달라진다. 단리의 경우 첫해에 받은 이자 1만 원을 다음 해에 원금에 포함하지 않고 이자를 계산하므로 2년간 맡겨둔다면 이자는 총 2만 원이 된다. 복리의 경우에는 2년차에 이자 1만 원을 포함한 11만 원에 대한 10%의 이자인 1만 1,000원을 받게 된다. 총액으로 2만 1,000원이다. 단리보다 복리가 수익률이 높다는 것을 알 수 있다.

$$단리의\ 경우\ 원리금\ 합계 = P + P \times i \times n$$
$$복리의\ 경우\ 원리금\ 합계 = p \times (1 + i)^n$$
$$(P: 원금\quad i: 이자율\quad n: 기간)$$

복리는 이자율이 높을수록, 투자 기간이 길어질수록, 이자가 가산되는 주기가 짧을수록 유감없이 그 위력을 발휘한다. 복리의 차원에서 본다면 단 1%의 수익률도 미래의 부에 큰 영향을 주게 된다. 그래서 재테크의 기본 중 기본은 1%의 이자(수익률)도 소홀히 하지 않는 습관을 갖는 것이다.

1%가 얼마나 큰 영향을 주는지 다음의 표를 살펴보자.

2부 부자함수: 공학으로 밝혀낸 부자 방정식

복리	4%	5%
기초자금	10,000,000	10,000,000
1년 후	10,400,000	10,500,000
2년 후	10,816,000	11,025,000
3년 후	11,248,640	11,576,250
4년 후	11,698,586	12,155,063
5년 후	12,166,529	12,762,816
6년 후	12,653,190	13,400,956
7년 후	13,159,318	14,071,004
8년 후	13,685,691	14,774,554
9년 후	14,233,118	15,513,282
10년 후	14,802,443	16,288,946
20년 후	21,911,231	26,532,977
30년 후	32,433,975	43,219,424
40년 후	48,010,206	70,399,887
50년 후	71,066,833	114,673,998
100년 후	505,049,482	1,315,012,578

(단위: 원)

표를 살펴보면 불과 1%의 차이지만 초기 1,000만 원을 은행에 정기예금하면 50년 후에는 4억, 100년 후에는 8억의 차이가 나는 것을 볼 수 있다.

그렇다면 연이율 30%로 정기예금(복리)을 하면, 40년 뒤에 그 돈은 얼마가 될까? 1,000만 원을 연이율 5% 복리로 40년을 정기예금하면 7,000만 원 정도가 되니 연이율 30%라면 약 6배 정도인 4억 원 정도라는 대답이 가장 많았는데, 정답은 (40년 뒤 은행이 망하지 않았다고 가정했을 때) 3,600억 원이다. 혹시 계산이 잘못되었나 하고 몇 번이고 다시 계산해봤다. 이자율이 얼마나 중요한지 확인해주는 대목이다.

1%를 소중히 한 여러분은 단 1,000만 원의 초기 투자로 100년 후 그렇지 않은 친구보다 무려 8억 원 이상의 돈을 더 소유할 수 있다.

수익률 1%의 습관이 부자를 만든다 - - - - -

중요한 것은, 여러분은 이미 이 사실을 알고 있는데도 이자율이 1%도

안 되는 보통예금에 그대로 돈을 놓아둔다는 점이다.

사실 이런 이자율 개념은 습관이다. 몸에 배어 있지 않으면 귀찮아서 실천하지 못한다. 예전에 인터넷에서 복리에 대한 염세적인 글을 읽은 적이 있는데, 복리 중요한 거야 알지만 5년짜리 적금 붓는 것도 어려운데 100년은 말도 안 된다는 내용이었다. 그런 상품은 은행에 없다는 말도 덧붙였다.

나는 그 생각에 찬성하지 않는다. 우리가 하루하루 복리를 습관으로 여기며 매일매일 실천한다면 우리 수명만큼 복리를 유지할 수 있다. 은행 복리예금이 2년짜리라면 2년 뒤에 다시 예금하면 그만이다. 은행에 장기 복리 상품이 없다는 말은 거짓말인 것이다. 부자들은, 위험이 같다는 전제하에서, 항상 수익률이 단 1%라도 높은 곳을 찾는다.

세계에서 가장 부자라는 빌 게이츠는 재산이 670억 달러(약 74조 원)에 달한다고 한다. 그가 이렇게 부자가 된 것은 높은 수익률을 지속적으로 올린 덕분이다. 최근 순위는 계속 변동하고 있지만 빌 게이츠는 최근 15년간 연평균 40%의 수익률을 지속적으로 달성하고 있다.

그를 두고 이런 농담도 존재하는데, "길바닥에 100달러짜리 지폐가 떨어져 있다면 빌 게이츠는 이걸 주워야 할까?" 마이크로소프트를 설립하고 하루에 14시간씩 일했다고 가정했을 때, 빌 게이츠는 초당 150달러를 벌었다는 계산이 나온다. 돈을 줍는 데 1초밖에 안 걸린다고 해도 그 돈을 줍는 데 신경 쓰기보다는 자신의 업무에 집중하는 것이 더 많은 수익을 올릴 수 있는 것이다. 물론 감정적으로는 주울 것 같기도 하지만 말이다.

빌 게이츠 못지않은 부자인 워런 버핏 역시 40년간 연평균 25%의 수익률을 올리고 있다. 주식투자의 황제인 워런 버핏도 1년에 25% 수익률밖에 못 올리는데 그것만으로도 세계 1~2위의 부자가 되었다는 점은 시사하는 바가 크다.

우리 주변의 투자자들은 절대 불가능한 숫자인 "따블, 따따블"을 너무 쉽게 외치고 있다. 기억하자. 빌 게이츠와 워런 버핏은 본업의 수익률을 높여서 부자가 된 것이지 도박을 해서 돈을 딴 것이 아니다.

빚을 먼저 갚으면 수익률이 올라간다 -----

재테크에서 중요한 것은 수익률이다. 그런데 일반적인 경우 은행의 대출이자가 예금이자보다 높다. 그러므로 투자수익률을 상회하는 대출이자가 있다면 빚부터 갚는 것이 재테크의 원칙이다.

앞서 살짝 언급하고 지나간 레버리지 효과는 은행 대출이자 이상의 수익률이 보장될 때 은행에서 자금을 차입해 더 높은 수익을 창출하는 것이다. 레버리지를 쉬운 말로 하면 '빚으로 하는 투자'다. 빚의 위험성은 투자자뿐 아니라 일반 서민들에게도 마찬가지다. 그런데 수익률이 대출이자보다 떨어진다면 원금도 보존할 수 없는 지경에 이른다.

주식투자를 할 때 레버리지를 이용하다 손해를 보고 계좌에 원금이 한 푼도 남지 않아 '깡통계좌'가 되는 경우가 비일비재하다. 은행돈을 쉽게 생각하다가는 평생 나락에 떨어질 수 있으니 투자 초보자들은 주의해야 한다.

특히나 제1금융권이 아닌 사금융을 이용하는 경우 법적인 보호를 받을 수 없어 상당히 어려운 일을 당하기도 한다. 우리가 상식적으로 생각하는 대출이자는 연 10% 내외인데, 사금융에서 5%로 빌려주겠다고 현혹하면 은행보다 많이 싸다고 생각하고 쉽게 빠져들게 된다. 그러나 사금융은 월 단위의 금리를 심지어 복리로 적용한다.

계산해보면 사금융 5%는 연이자 60%를 훌쩍 넘는 금리다. 100만 원만 빌린다고 해도 연이율 60%면 1년도 안 되어서 원금만큼의 이자가 발생한다. 5년 후에는 원금의 10배인 1,000만 원이 훌쩍 넘고, 또 5년이 지난다면 거기에 10배인 1억 원이 훌쩍 넘을 것이다. 사금융이 이렇게 위험하다.

하이 리스크 하이 리턴 - - - - -

빚으로 볼 것인가, 레버리지로 볼 것인가? 재무적 관점에서 살펴보자. 만약 이자율이 4%이고 수익률이 10%라면 대출을 받아 투자를 하는 것이 옳다. 1억 원을 대출받아 1년간 투자한다면 이자를 갚고도 6%의 수익, 금액으로 따지면 600만 원을 얻을 수 있다.

하지만 4%의 이자를 매월 갚아나갈 수 없다면 은행으로부터 좋지 않은 조치를 당할 수도 있고, 심하면 파산할 수도 있다. 그래서 항상 이자를 갚을 수 있는 상황에 대해 미리 점검할 필요가 있다.

투자는 선택의 문제다. 성공해도 내가 잘한 투자고, 수익률이 대출 이자보다 떨어져 망한 것도 내가 못한 투자다. '하이 리스크 하이 리턴 (High Risk High Return)'은 재무관리, 금융공학 분야에서 가장 대표적인 격언이라 할 수 있다. 영문의 앞에서부터 해석하면 '위험이 높으면 수익이 높다'라고 할 수 있다. 하지만 영어는 대부분의 경우 우리말 어순과 반대로 해석한다. 이 말은 '수익률이 높다면 반드시 위험도 높다'라고 해석하는 것이 정확하다.

많은 사람들에게 투자를 유치하기 위해 반대로 해석한 문장을 이용하는 사람들도 있으니 조심해야 한다. 원래의 의미와 반대로 해석하면 높은 수익을 얻기 위해서는 위험이 높은 자산에 투자해야 하는 것처럼 보이기도 한다. 이는 절대로 위험한 생각이다. 위험하면 투자하지 않아야 한다. 열 번 투자해서 아홉 번 성공하더라도 딱 한 번 실패하면 인생을 그르치게 된다.

금융거래에서의 위험이란 원금을 잃는다는 것을 의미하며, 원금을 잃는다는 것은 내가 하고 싶은 모든 것을 참고, 아끼고, 인내하며 모은 나의 재산을 허공에 날리는 것을 의미한다. 나의 재산을 지키기 위해서는 항상 '안전'에 대해 먼저 생각하는 습관을 길러야 한다.

수익률이 높다면 부자가 될 확률도 높지만 실패(원금 손실)할 확률도 높아진다. 안전한 금융거래를 원한다면 위험하지 '않은' 수익률이 어느 정도인지 항상 인지하고 있어야 한다. 그래야 '과도한' 수익률에 대한 감각을 가질 수 있다.

인생의 수익률을 올리는 법 - - - - -

내가 가르치는 학생 중에 문구점을 20년 넘게 운영하는 사람이 있다. 그는 평범한 사람이라면 아마 1년도 안 되어 두 손 두 발 다 들고 접었을 사업을 운영하면서 수익률 30%를 안정적으로 유지하고 있었다.

위험성은 같은 사업을 해도 사람에 따라 다르다. 수익률 30%의 이 주인공이 지속적으로 투자해온 것은 경영에 대한 공부다. 불편하고 비용도 많이 들지만 상급 학교에 진학해서 지속적으로 자기 충전의 시간을 갖는다. 그에게 내가 질문을 던졌다. "왜 책이나 읽지 힘들게 학교에 다니나요?" 내 질문에 그는 이렇게 대답했다.

"학교에서 만나는 인맥은 순수하고, 만남의 깊이가 달라요. 다른 만남하고는 상대가 안 됩니다."

맞는 말이다. 학교를 다닌다는 것은 지식의 습득도 습득이지만 상상 이상의 탄탄한 인맥을 만드는 것이다. 인맥은 함께 배우는 동료에 국한되는 것이 아니다. 학교에는 교수도 있다. 교수가 유지하고 있는 인맥들은 상상 이상이다. 교수들 중에는 폴리페서라는 비난을 받으며 정치를 하는 사람도 있고 국무총리를 역임한 사람도 있지만 전문직을 영위하면서 강의를 하는 사람도 있다. 학생들은 이들에게 실무에 대한 도움을 받을 수 있고, 인맥 형성에도 도움을 받을 수 있다.

따지고 보면 모든 것이 기회다. 이 기회를 잘 활용해야 한다.

06

부자함수 2요소:
절약

록펠러는 미국의 석유사업을 독점해 '석유왕'이라 불리며 엄청난 부를 축적했다. 한창 사업을 확장하며 백만장자로 명성을 떨치고 있던 록펠러는 사업차 한 도시의 호텔에서 숙박을 하게 되었다. 세계 최고의 부자를 에스코트하던 종업원은 내심 두둑한 팁을 바랐지만 록펠러는 자신의 방까지 짐을 들어다준 그에게 5센트의 팁을 주었다.

생각보다도 훨씬 적은 액수를 받게 되자 종업원은 불만이 가득한

2부 부자함수: 공학으로 밝혀낸 부자 방정식

목소리로 말했다. "세계 최고의 부자가 주는 팁으로 5센트는 너무 적은 것 아닙니까? 아무리 못해도 1달러는 주실 줄 알았는데요." 그러자 록펠러는 이렇게 대답했다.

"내가 종업원들에게 모두 1달러씩 팁으로 주었다면 나는 아마도 지금과 같은 부자가 되지 못했을 거네. 어쩌면 자네와 같은 일을 하고 있었을 수도 있겠지."

절약에 관해 이야기할 때 가장 많이 언급되는 록펠러의 일화는 볼 때마다 너무 자린고비 같다는 생각이 든다. 하지만 살아생전 어려운 사람을 위해 기부한 4억 달러를 생각하면 록펠러는 훌륭한 부자임에는 틀림없다.

록펠러가 절약을 강조하듯, 나 또한 재테크의 시작은 절약이라는 데 동감한다. 절약이란 절용(節用)과 검약(儉約)의 복합어로, 우리말의 '아껴 씀'과 같은 뜻이다. 동서고금을 막론하고 부자가 되는 가장 빠른 길은 남들보다 '더' 벌고 남들보다 '덜' 쓰는 것이었다. 여기서 남보다 덜 쓰는 것을 절약이라고 할 수 있다.

직장인들의 수입은 비슷하지만
개인의 소비성향 다르다 ·····

"만약 초코쿠키를 쇼핑카트에 넣지 않으면 쿠키를 집에 가져가지 않아도 되고, 집에 가져가지 않으면 먹지 않게 되고, 먹지 않으면 배가 올챙이처럼 불뚝 나오지 않을 것이다."

"만약 백화점에서 맘에 드는 액세서리를 보고 사고 싶은 생각이 든다면 6개월 뒤에 그 액세서리가 어디에 있을지 생각해보라. 만약 다른 잡동사니들과 함께 있다면, 꼭 필요한지 다시 생각하라."

《부의 추월차선》을 쓴 엠제이 드마코는 '기생적인 부채'의 위험성에 대해 경고하며 이와 같이 말했다. 기생적 부채를 해결하지 않으면 부자가 될 수 없다는 그의 말은, 조금 다르긴 하지만, 결국 절약의 중요성에 대한 이야기다.

개인의 능력을 갈고 닦아 시작부터 많은 수입을 얻는 사람들도 있지만, 직장인들의 대부분은 수입이 거의 비슷하다. 하지만 소비는 상

2부 부자함수: 공학으로 밝혀낸 부자 방정식

당한 차이를 보인다. 그렇기 때문에 수입을 늘리는 노력보다는 절약을 하는 습관을 들인다면 남들보다 훨씬 많은 목돈을 만들 수 있다. 특히 사회생활 초반의 직장인들이라면 무엇보다도 절약을 토대로 종잣돈을 먼저 만들어야 한다.

사회생활 초반의 종잣돈 크기가 미래에 어떤 차이를 만드는지 다음 문제를 통해 확인해보자.

동네 친구 A와 B는 같은 직장에 취직하게 되었고, 월급도 똑같이 받았다. A는 젊었을 때는 급여가 적고 나이가 먹으면 월급이 많아지므로 천천히 돈을 모으기로 하고 30세에 1,000만 원을 모았다. B는 자린고비를 자처하며 30세에 5,000만 원을 모았다.

A와 B는 이 돈으로 같은 은행에 4% 이율(복리)로 10년짜리 정기예금을 들었다. 10년 후, 이 둘은 얼마를 받을까?

사회 초년생 때 절약한 결과가 시간이 지날수록 차이를 만든다. 당연한 것처럼 보이지만, 다음 표에서 볼 수 있듯이 두 사람의 차이는 영원히 5배다. 액수로 따지면 처음에는 약 4,000만 원이었던 차이가 10

년 후에는 약 6,000만 원으로 벌어진다. 똑같이 5배라도 액수가 커지면 절대적 금액 차이는 더 커지는 것이다.

종잣돈 (4%, 복리)	1년 후	2년 후	3년 후	4년 후	5년 후	6년 후	7년 후	8년 후	9년 후	10년 후
1,000	1,040	1,082	1,125	1,170	1,217	1,265	1,316	1,369	1,423	1,480
5,000	5,200	5,408	5,624	5,849	6,083	6,327	6,580	6,843	7,117	7,401

(단위: 만 원)

몇 가지 절약의 사례를 더 소개하면 다음과 같다.

차를 10년 늦게 몰면 1억 원이 절약된다

취업에 성공하면 제일 먼저 차를 사고 싶어 한다. 필수적인 경우도 있겠지만 비용을 고려했을 때 사회 초년생의 자동차 구입은 결코 권장할 만한 일은 아니다.

녹색소비자연대가 발표한 자료를 살펴보면, 우리나라 자가용 운전자들의 차량 유지비가 주유비 303만 원을 포함해 연평균 462만 원에 달하는 것으로 나타났다. 주 4회 이상 운전을 하는 전국 자가용 운전자 882명을 대상으로 연간 유지비를 조사한 것인데, 월평균 25만

3,000원, 연간 303만 8,000원이 들어가는 주유비가 주요 지출 항목 가운데 가장 비중이 컸고, 주차비가 월 5만 4,000원, 연간 65만 6,000원으로 뒤를 이었다. 자동차보험료(62만 8,000원), 소모품 교체비용(29만 8,000원)이 다음 순이다.

우리나라 승용차의 평균수명은 7.6년이다. 2,500만 원짜리 승용차를 구입해 아껴 타서 10년을 몰았다고 가정해보자. 만약 10년 동안 승용차를 몰지 않고 그 돈을 적금으로 예치했다면 얼마를 모을 수 있을까? 금리 7%가 적용되는 ELS펀드에 적립식으로 가입했을 때를 가정하고 엑셀함수로 계산해보자.

(1) 차량 할부 가격: 매월 50만 6,910원(60개월)

$$= FV(0.07/12, 60, -506910) \rightarrow 36291156$$

(2) 차량유지비: 매월 38만 5,000원(120개월)

$$= FV(0.07/12, 120, -385000) \rightarrow 66637649$$

만약 5년 할부금액을 지출하지 않고 같은 조건으로 다시 예치했다면 금액은 5,090만 224원이 된다. 이 금액과 차량유지비를 모두 합치면 총 1억 1,700만 원이 넘는다.

$$= FV(0.07, 5, , \ \text{-}36291156) \rightarrow 50900224$$

$$50,900,224원 + 66,637,649원 = 117,537,873원$$

물론 차를 10년 늦게 몬 사람이 실제로 이 돈을 이렇게 예치했는가는 별개의 문제다. 분명한 것은 씀씀이를 줄이면 반드시 돈이 모인다는 사실이다.

담배를 피우면 10억 원이 낭비된다

배우자 될 사람이 하루에 4,500원짜리 담배를 한 갑 피운다고 가정하고, 결혼해서 50년 동안 산다고 생각하고 계산해보자. 담배를 피우는 사람은 1년 365일 내내 피우니 1년이면 164만 2,500원이 되고 50년이면 8,200만 원 정도가 된다.

$$4{,}500원 \times 365일 \times 50년 = 82{,}150{,}000원$$

그러나 복리수익률을 감안하면 계산이 확 달라진다. 만약 한 달에 한 번씩 이 돈을 모아서 연 8%가량의 수익을 기록하는 적립식 펀드에 넣는다고 가정해보자. 하루에 4,500원씩 365일이면 164만 2,500원이다. 또 50년 동안의 8% 복리수익률의 투자의 결과를 계산해보면 약 10억 원이 나온다.

$$= FV(0.08, \ 50, \ -1642500) \rightarrow 942417482$$

이자율 8%가 너무 높이 잡은 숫자라고 생각되는가? 예적금 금리가 2%를 넘기 어려운 요즘 같은 저금리 시대에는 그렇게 보일 수도 있다. 하지만 2020년 현재에도 중상위권 펀드의 수익률은 3년 평균 연 10%를 훌쩍 넘고 있다.

담배를 피워서 10억 원을 허공에 날려 보내겠는가? 오늘 당장 금연하자. 그렇게 건강이 나쁘다고 하는데, 주변 사람들이 싫다고 하는데, 사랑하는 사람들이 싫다고 하는데 왜 담배를 피우는가?

비용을 따지면 역세권 아파트가 오히려 싸다

역세권 아파트는 왜 잘 팔리고, 가격은 상대적으로 높게 형성되는가? 금전적인 것을 떠나, 역세권 아파트는 편리하다. 단지 편리하다는 이유로 그렇게 아파트 가격이 높게 형성되는 걸까? 궁금할 때는 정확히 돈으로 계산해보는 것이 필요하다.

꼭 아파트가 아니라도 역세권이 왜 중요한지 계산해보자. 4인 가족이 아파트를 구입하고 5년 동안 거주하고, 가족 모두가 마을버스를 타고 통학과 출퇴근을 하되 일요일 하루는 외출하지 않고 집에 있다고 가정해보자.

(1) 마을버스 요금은 1,500원이라 가정하고 왕복으로 계산한다.

$$4\text{인} \times 1{,}500\text{원} \times 2\text{회} \times 25\text{일} = 300{,}000\text{원}$$

(2) 택시는 꼭 타게 된다. 역세권이 아닌 대부분의 아파트에는 마을버스가 있지만, 마을버스 시간을 놓치는 경우가 일주일에 한 번 정도는 꼭 발생한다. 전 가족이 일주일에 1만 원 정도 택시를 이용한다고 가정하면 모두 한 달 동안 16만 원의 경비가 지출된다.

4인 × 10,000원 × 4주 = 160,000원

(3) 역세권에 집을 구입하고 거주하는 5년 동안 월 46만 원씩 은행에 연 4%짜리 적금을 든다고 가정하면 약 3,000만 원을 만들 수 있다. (4%는 연이자율이기 때문에 월 이자율을 구하기 위해서는 연단위로 나눠야 한다.)

$$= FV(0.04/12, 60, -360000) \rightarrow 30497530$$

이런 것을 고려해보면 역세권 아파트가 그렇지 않은 아파트보다 3,000만 원 정도 비싼 것은 어쩌면 당연하다. 나중에 집을 팔기도 좋다는 점까지 고려한다면, 무조건 싸게 산다고 좋은 것이 아니라 얼마의 가치로 돌아올 것인지를 따져보는 것이 더 현명하다는 결론이 나온다.

하루 커피 두 잔을 한 잔으로

불황 속에서도 커피 전문점 시장이 연간 1조 원대로 급성장하고 있다. 국내 소비자들의 문화적 행태는 커피와 직결된다고 해도 과언이 아니다. 커피 전문점은 철저히 개인적 공간이면서 부담 없이 사람과 교류할 수 있는 장소로 여겨진다.

하지만, 커피 한 잔을 절약해 적금을 든다면 얼마나 모을 수 있을까? 다소 안전한 ELS 인덱스펀드에 7% 수익률로 적립한다면 10년 후에는 약 6,700만 원, 30년 뒤에는 4억 7,000만 원 정도의 큰 금액이 됨을 알 수 있다. (커피 1잔 가격=5,000원으로 가정)

5,000원 × 25일 = 월 125,000원

10년 동안 모으면 = $FV(0.07/12, 120, -125000) \rightarrow 66637649$

30년 동안 모으면 = $FV(0.07/12, 360, -125000) \rightarrow 469688825$

골프를 친구들보다 조금 늦게 시작한다

골프를 즐기기 위해서는 세 가지가 있어야 한다고 한다. 바로 돈, 시간, 친구다. 돈과 친구가 많아도 시간이 없다면 한나절을 꼬박 투자해야 하는 골프를 정상적으로 즐길 수 없고, 돈과 시간이 넘쳐도 함께할 친구가 없다면 그것대로 난감한 일이다.

게다가 골프는 부자들의 스포츠라고 할 만큼 다른 스포츠에 비해 돈이 많이 드는 것이 사실이다. 골프가 대중화되었다고는 해도, 우리나라에서 골프를 친다는 것은 이런저런 이유로 상당히 소비적인 일임에 틀림없다.

한국골프협회의 조사에 따르면, 처음 골프를 배우기 위해 (레슨을 받고, 클럽과 골프화를 사는 것을 제외하고도) 월평균 43만 원의 비용을 지출한다고 한다. 이 비용을 10년 동안 지출하지 않고 7% 인덱스펀드에 적립한다고 가정하면 약 7,400만 원을 모을 수 있다.

$$= FV(0.07/12, 120, -430000) \rightarrow 74426465$$

이 밖에도 사소한 생활습관을 조금만 고쳐 새는 돈을 막고 절약하면 생각보다 많은 돈을 모을 수 있다. 혹자는 이러한 절약 아이디어들에 대해 '그거 아껴서 얼마나 잘 살겠다고' 하면서 혀를 찰 수도 있다. 하고 싶어도 꾹 참고 무조건 돈을 모으는 수전노가 되라는 것이 아니다. 요점은 정말 필요한 소비를 하고 있는지, 딱히 필요하지 않은데 남들이 하니까 따라서 소비하는 것은 아닌지 돌아보라는 것이다.

절약의 기본은 불필요한 소비를 줄이는 것이다. 지금 재테크를 시작한 이들에게 이렇게 조언하고 싶다. 당신이 젊고 건강할 때 인생에서 정말 중요하지 않은 취미생활과 불필요한 사치를 즐기느라 종잣돈 모을 기회를 놓치고 다른 친구들은 종잣돈을 모아 재테크를 시작할 때 '저 친구는 운이 좋아서 부자로 사는 거야' 하며 질투를 합리화하고 폄훼하면서 그 친구에게 밥 한 끼 얻어먹는 것이 무슨 권리인 양 행동하는 패배자의 삶을 선택하지 않길 바란다.

미래가치를 구하는 *FV*함수

함수의 사용

- 등호(=)를 사용하여 시작한다.

- '함수 이름(인수1, 인수2, 인수3, …)'의 형태로 이루어진다.

- 인수의 순서를 반드시 지켜야 한다.

엑셀은 투자의 미래가치, 현재가치, 대출상환금, 감가상각, 이자계산, 내부수익률 등 재무관리에 필요한 수십 개의 함수를 제공한다. 그중 아래의 6가지 함수가 가장 빈번하게 사용되고 있다.

- *FV*(이자율, 기간, 자금유입, 기초자금, 옵션): 투자의 미래가치를 산출한다.

- *PV*(이자율, 기간, 자금유입, 미래현금, 옵션): 투자의 현재가치를 산출한다.

- *PMT*(이자율, 기간, 기초대출): 대출상환금을 계산한다.

- *IPMT*(이자율, 기간, 기초대출): 대출이자만을 계산한다.

- *IRR*(values, guess): 일련의 현금흐름에 대한 내부수익률을 구한다.

- *NPV*(rate, 현금, 현금, ⋯): 주기적인 현금흐름과 할인율을 기준으로 투자의 순현재가치를 산출한다.

100만 원을 30년간 연수익 10%로 투자하면 30년 말에 얼마를 받을 수 있는지 *FV*함수를 사용해 계산해보자.

(1) 문제의 의도는 투자의 미래가치를 계산하는 것임을 알 수 있다. 투자의 미래가치를 계산하는 엑셀함수는 *FV*다. 등호 "="를 사용하여 함수를 시작한다.

(2) *FV*함수는 인수가 5개가 있다. 인수란 괄호 안에 입력할 내용들의 집합을 말한다. 함수에서 인수는 순서가 바뀌면 엉뚱한 결과를 도출하기 때문에 순서를 잘 지켜야 한다.

*FV*함수의 인수는 이자율과 기간, 자금유입(현금투자), 기초자금, 옵션(이자 지급 시간)로 구성된다.

(3) 첫 번째 인수에 연이자율이 10%이므로 0.1을 입력하고, 두 번째 인수는 기간을 표시하므로 30을 입력한다. 세 번째 인수는 매기간의 현금투자액이 없으므로 생략하고(생략하면 순서를 컴퓨터에게 알려야 하므로 빈 상태로 ","를 삽입해야 한다.) 네 번째 인수는 투자금 -1000000을 입력한다. 앞에 "-" 기호를 넣는 이유는 재무관리의 특성상 내 현금이 나간다는 의미로 받아들이면 된다. 마지막 인수는 연말에 이자지급을 하므로 생략한다. 대부분의 경우 기말에 이자를 받으므로 생략하는 경우가 많다.

$$=FV(0.1, 30, , -1000000)$$

07

부자함수 3요소:
파이프라인

옛날, 한 마을에 물장수가 두 명 있었다. 둘은 매일 10리나 떨어진 저수지에서 물을 길어다가 팔았다. 마을에는 우물이 없어 이 물장수들에게 물을 사야만 했다. 물론 마을 사람들이 직접 물을 길어올 수도 있지만 너무 멀어서 쉽지 않았다.

이런 이유로 물장수들의 물값은 비쌌다. 한 동이에 5,000원을 받았다. 이 물장수들은 하루에 세 번씩 물을 길어왔다. 한 번에 두 동이씩 가져올 수 있어 하루에 여섯 동이를 팔 수 있었고 하루에 3만 원씩 벌었다.

물장수들이 돈을 더 버는 방법이 있을까? 간단히 생각해보면 큰 물동이를 사용해 한 번에 가져오는 물의 양을 늘리는 방법이 있다. 물동이는 무겁고 인생은 고단해진다. 또 한 가지 방법은 물을 가져오는 횟수를 늘리는 것이다. 하루에 세 번씩 다니던 것을 네 번으로 늘리면 4만 원씩 벌어 1만 원을 더 벌 수 있다. 하지만 이 두 방법은 몸을 혹사하는 일이다. 혹시나 아프기라도 한다면 이마저도 벌 수 없다. 세 번째 방법은 물의 가격을 올리는 것이다. 가격을 올릴 경우 마을 사람들이 직접 물을 길어오거나 경쟁자가 생겨 공급과잉이 생길 수 있다.

마지막 남은 방법은 '파이프라인'을 구축하는 것이다. 만약 저수지에 파이프를 연결해 마을까지 끌고 온다면 어떻게 될까? 당연히 물을 마음껏 팔 수 있다. 가까운 옆 마을에까지 팔 수 있다. 몸이 아파도 괜찮다. 수도꼭지만 틀면 되니까.

부자가 되려면 이런 파이프라인을 만들어야 된다. 부자함수의 세 번째 요소는 저절로 돈이 생기는 구조를 만드는 파이프라인 구축이다. 파이프라인을 구축하면 저절로 돈이 생긴다.

하루에 물동이를 배달하며 돈을 버는 유형의 직업은 어떤 것이 있나 살펴보니, 대부분의 직업이 모두 이러한 유형이라고 할 수 있다. 일을 해야 돈을 벌고, 일을 더 해야 돈을 더 벌 수 있다.

절친 중에 돈을 아주 잘 버는 치과의사가 있다. 규모가 상당히 큰데, 간호사만 두고 직접 치과를 운영한다. 내가 보기에는 두 명 정도의 의사가 더 필요한 상황인데 혼자서 치과를 운영한다. 혼자서 세 사람 몫을 하는 것이다. 돈은 많이 벌 수 있을지 모르지만 몸은 고단하다.

요즘 유행하는 N잡러도 낮에 직장에서 일하고 밤에 또 별도의 일로 돈을 버는 것이다. 물장수가 그랬던 것처럼, 인생은 고달파진다. 다시 말하지만 세상의 대부분의 직업들이 일을 더 하고 부지런해야 돈을 더 벌 수 있는 구조다.

파이프라인은 일을 더 하지 않더라도 자동적로 시스템에 의해 돈을 더 벌 수 있도록 해주는 장치다.

파이프라인이 될 수 있는 것들 - - - - -

파이프라인은 내가 일을 더 하지 않아도 돈을 끊임없이 뽑아낸다. 직장을 다니는 사람이라면 당장 월 100만 원만 추가수입이 생기면 좋겠다고 생각할 것이다. 하지만 100만 원을 더 벌기 위해 일을 하는 것은 쉽지 않다. 일을 하지 않고 추가수입이 생기는 파이프라인 구축 방법은 없는 것일까? 대체 어떤 것이 파이프라인이 될 수 있을까?

결론부터 이야기하자면, 끊임없이 파이프라인을 고민하다 보면 분명 자신에게 적절한 파이프라인을 구축할 수 있다는 것이다.

부동산 임대소득

임대소득은 부자들의 대표적인 파이프라인이다. 물론 부동산은 투기의 대상이 아니다. 하지만 일단 부동산을 두 채 이상 보유하고 있다면 임대수익을 올릴 수 있는 재테크 수단이 된다.

특히 아파트 가격은 지역과 입지에 따라 천차만별인데, 바로 이 점을 이용한다면 적은 돈으로 같은 삶의 질을 누릴 수 있다.

강남의 32평 아파트 가격이 20억 원에 육박한 적이 있었다. 당시 신도시의 상가주택은 10억 원 정도였고, 32평 아파트도 5억 원 정도였다. 투기의 차원으로 본다면 강남의 20억 원짜리 아파트를 적지 않은 대출을 받아 사는 것도 가능하다. 하지만 이를 유지하기 위해 수백만 원에 달하는 대출이자를 내면서 힘겹게 살아가는 것이 과연 올바른 선택일지는 의문이다.

투자의 차원에서 본다면 신도시에 아파트를 사고 상가나 상가주택에 투자해 임대수입을 받을 수 있는 좋은 기회다. 10억 원을 부동산 임대사업에 투자하면 임대수입은 얼마나 될까? 5% 수익률을 가정했을 때 1년이면 5,000만 원이고 한 달이면 거의 400만 원의 수입을 더 얻을 수 있다. 어차피 부동산에 투자하려 했으니 빚지고 집을 사느냐 아니면 임대수입도 챙기면서 아파트에 사느냐의 선택이 아닐까?

참고로 100만 원의 추가수입을 위해서는 (수익률이 4%일 때) 2억 5,000만 원이 필요하다. 수익률을 높게 가져갈 수 있다면 더 적은 돈이 필요하겠지만, 아직 종잣돈을 마련하지 못했다면 앞서 이야기한 대로 부지런히 절약해서 일단 종잣돈을 만드는 것이 필수다.

더불어 집을 마련하는 데 필요한 투자도 재테크라고 할 수 있다. 만약 부동산 가격까지 상승한다면 금상첨화다. 집 없는 부자는 이 세상에 없다는 것을 기억해야 한다.

우리나라와 같은 환경에서는 집을 한 채 사두는 것이 매우 중요하다. 노후 보장이 확실하지 않은 상황에서 집이 없다는 것은 아무래도 불안한 일이다. 물가상승에 따른 위험 회피 수단으로 집을 보유하게 된다면 부동산 가격이 올랐을 때는 올라서 좋고, 내리면 다른 집도 같이 내리므로 대출만 많지 않다면 큰 손해는 아니다. 반면 집이 없다면 집값이 내릴 때는 좋겠지만, 올라버리면 집을 가진 다른 사람과 비교할 때 상대적으로 박탈감을 느낄 수밖에 없을 것이다.

저작권을 이용한 부대수입

최근에는 전자책 전용 출판이나 독립 출판 등 출판사라는 플랫폼을 거치지 않고도 자신의 글을 책으로 만드는 일이 쉬워졌다. 강연 플랫폼도 많아지면서 굳이 글이 아니더라도 내가 소유한 콘텐츠를 필요로 하는 사람들에게 손쉽게 판매할 수 있게 되었다.

강사나 작가가 되지 않더라도 자신만의 콘텐츠로 돈을 벌 수 있다. 유튜브라는 강력한 매체 덕분이다. 초등학생부터 직장인까지 모두 유튜버를 꿈꾸는 상황에서 자신만의 저작물을 끊임없이 창작할 수 있다면 돈을 벌 수 있는 것이다.

유튜버 23인을 인터뷰한 김도윤 작가는 《유튜브 젊은 부자들》에서 "불법적인 일을 제외하고 세상에 단 3년 만에 연봉 2억이 될 수 있는 직업은 거의 없다"며 시장이 아무리 치열하다고 해도 허수 또한 많기 때문에 유튜브를 시작하고, 잘되든 잘되지 않든 지속적으로 영상을 올릴 수 있다면 억대 연봉도 꿈이 아니라고 말한다.

금융소득

금융자산을 투자해서 이자를 받는 것도 파이프라인이다. 일반적으로 목돈 없이 처음 재테크를 시작하는 경우 대부분 금융자산을 이용하게 된다. 그중에서도 복리를 이용하는 정기예금이나 목돈 마련을 위한 정기적금은 전통적으로 사람들이 선호하는 투자 방식이다. 같은 위험을 감수한다고 했을 때 최대한 높은 이자율을 얻을 수 있는 금융기관을 선택하는 것이 현명하다.

예적금보다 수익률이 높은 것은 '투자'다. 금융자산 투자는 금융자산을 소유한 사람이 직접 투자하는 직접투자와 증권사나 투자자문사를 통해 투자하는 간접투자가 있다. 우량주 투자를 통한 배당금 수입도 그렇고, 혹자의 경우는 지인이 경영하는 회사의 사외이사로 활동하면서 지속적인 수익을 창출할 수도 있을 것이다.

이자로 구축하는 파이프라인은 내가 가진 돈이 많을수록 더 큰 수익이 돌아온다. 내가 가진 돈이 별로 없더라도 현재의 자산을 재조정해 새롭게 파이프라인을 구축할 수도 있을 것이다.

직업이 먼저다 - - - - -

최근 정기예금 이자율이 많이 낮아졌다. 연금생활자들과 은퇴한 자산가들이 정기예금이자를 이용해 생활하는데, 최근 낮아진 이자율 때문에 울상이다.

만약 월 200만 원을 이자로 받으려면 은행에 얼마를 예금해야 할까? 저축은행에 정기예금을 했다고 가정해도 현재 세후로 이자율 2%도 쉽지 않다. 2%의 이자율로 연 2,400만 원을 받으려면 12억 원(2,400/0.02)이 필요하다. 즉, 월 200만 원의 수입은 자산 12억 원과

맞먹는다. 게다가 예금자보호법의 보호를 받기 위해서는 24개의 저축은행과 거래해야 한다. 월 200만 원을 받는 회사원이라면 이미 12억 자산가다.

아무리 좋은 파이프라인을 갖췄다 하더라도 본업을 놓는다면 삶의 질은 상당히 떨어지는 것이 일반적이다. 최근 노령화가 진행되면서 은퇴한 어르신들이 얼마 되지 않는 수입이라도 일을 하려고 하는 것을 신문이나 방송에서 종종 보게 된다. 그 돈이 꼭 필요하기 때문에 일을 하는 분들도 있지만, 상당수는 일을 할 수 있다는 그 자체를 중요하게 여긴다. 사람은 일을 통해 행복감을 느끼기 때문이다. 매슬로가 증명한 것처럼, 자아실현의 욕구는 인간의 최종적인 욕구이자 동시에 인간에게 가장 큰 행복감을 주는 요소이기 때문일 것이다.

농담으로 약사와 결혼한 남편들을 '셔터맨'이라고 불렀던 때가 있었다. 부자 사위, 돈 잘 버는 며느리가 시기와 질투의 대상이어서 그런 비하하는 단어를 사용했으리라. 이들을 현대의 재테크 차원에서 생각해본다면 가족이 파이프라인이 되어준 경우다. 배우자를 잘 만나야 한다는 부모님 말씀은 어쩌면 파이프라인 구축에 심혈을 기울이라는

2부 부자함수: 공학으로 밝혀낸 부자 방정식

의미였을지도 모른다.

사실 가장 중요한 파이프라인은 부모다. 단지 돈이 끊임없이 나오는 파이프라인이 아니라, 인간관계, 사회생활에서 필요한 지식이 샘솟는 인생의 파이프라인이기 때문이다.

3부

부자상수 K: 확실한 미래를 창출하는 '부'의 절댓값

MICRO PIPELINE

국내외 수많은 부자들의 공통점은 무엇일까? 악착같이 돈을 벌려고 하는 사람들은 작은 부자는 될 수 있을지 몰라도 큰 부자는 되지 못했고, 인생도 별로 행복하지 못했다. 진짜 부자들은 돈이 알아서 따라오는 자질을 갖추고 있었다. 경제의 흐름을 읽는 눈, 사람을 잃지 않는 태도, 돈을 귀하게 여기는 자세 등 몇 가지 차이만으로도 10년, 20년 후 전혀 다른 삶을 살고 있었던 것이다.

08

부자상수 K 1요소: 의지

부자함수의 마지막 요소는 부자상수 K다. 부자상수 K는 부자가 되려는 '목표의식'과 '삶의 방식' 그리고 '위험관리' 세 가지로 이루어진다. 부자 습관은 부자의 자질이라고도 할 수 있는데, 성공한 부자들의 생활 방식으로도 볼 수 있다.

부자가 되기 위한 과정에서는 부자가 되려는 '의지'가 가장 중요하다. 부자상수 *K*는 목표의식에 비례한다. 부자는 부자가 되려는 목표가 있어야 한다. 부자가 되려는 마음이 없다면 부자가 되기 힘들다. 바꿔서 생각해보자. 가난뱅이가 되는 데는 계획이 필요 없다. 가난함은 자연적으로 일어나는 엔트로피(entropy) 현상이기 때문이다.

물리학 용어인 엔트로피는 무질서의 증가를 의미한다. 대부분의 물질은 특별한 일이 없으면 엔트로피가 증가하는 방향으로 움직인다. 예를 들어, 깨끗한 물에 잉크 한 방울을 떨어뜨리면 처음에 방울 모양이었던 잉크가 물속에 무질서하게 퍼진다. 이렇게 무질서하게 퍼지는 것이 엔트로피가 증가하는 모양이다. 무언가 잉크 방울을 꽉 붙잡아두지 않으면 잉크는 그대로 퍼져나가 결국 물 전체를 뿌옇게 만든다.

돈도 마찬가지로 잘 관리하지 않으면 먼지처럼 세상 속으로 사라지게 마련이다. 돈을 잘 관리하겠다는 의지, 즉 부자가 되겠다는 목표가 부자상수 *K*에 포함되어 있으므로 목표의식이 클수록 부자가 될 수 있는 확률도 높아진다.

강의실에서 학생들에게 아침에 일어나서 처음 하는 일을 물어보면 대부분 "화장실에 다녀와서 다시 잔다", "물 먹고 와서 다시 잔다"고 대답한다. 공부를 한다거나 책을 읽는다는 다른 대답을 기대해보지만 그런 대답은 드물다. 이 학생들이 특별히 게으른 게 아니다. 극히 평범한 대학생들이다.

이들은 왜 다시 잘까? 굳이 깨어 있을 필요성을 느끼지 못해서일 것이다. 필요성을 느끼지 못한다는 것은 간절한 목표가 없다는 뜻이다. 본인이 간절한 목표가 있다면 눈을 뜨자마자 목표를 향해 돌진할 수밖에 없다. 무언가를 하고자 한다면, 가장 전제되어야 할 것은 그 '무언가'가 무엇인지 알아내는 일이다. 목표도 모르면서 무작정 달려갈 수는 없다.

몇 년 전, 세상에서 가장 존경하는 은사님께서 신년 하례식 때 윌리엄 서든의 《욕망을 파는 사람들》이라는 책을 소개해주셨다. 이 책에는 '확실한 미래를 창출하는 법'이 담겨 있다. 기상캐스터, 애널리스트, 경제학자, 미래학자, 경영컨설턴트의 공통점은 미래를 예측하는 직업이다. 하지만 그 적중률이 50%를 넘지 못한다면 차라리 동전을 던지는 것이 낫지 않겠냐고 저자는 묻는다.

내용이 여기서 끝난다면 염세주의자의 푸념에 그쳤을 테지만, 책은 확실한 미래를 알 수 있는 방법을 가르쳐준다. 그가 내세우는 방법은 간단하다. 목표를 세우고, 그 목표를 달성하기 위해 노력하면 된다.

예를 들어, 수영을 잘하려면 먼저 수영을 할 줄 아는 사람이 되겠다는 목표가 있어야 한다. 누구든 세 달짜리 수영강습만 제대로 다닌다면 3개월 뒤에는 수영을 할 수 있게 된다. 무슨 일을 하든 마찬가지가 아닐까? 당연한 말처럼 느껴지겠지만, 우리는 가끔 이렇게 당연한 원칙을 잊고 사는 것 같다.

미래를 예측하는 것보다 중요한 것은 목표를 실현하는 것이다. 누구든 목표를 세우고 살다 보면, 전부는 아니라도, 이루는 것이 생기게 된다. 나는 첫 수업에서 학생들에게 하고 싶은 것 50가지를 A4 용지 한 장에 적어오게 한다. 그런 후에 목표를 함께 읽고 다시 나누어주면서 이것들을 이루기 위해 한 학기 동안 노력해보자고 한다.

한 학기가 지나면 학생들에게 이 50가지 중 이룬 것이 있냐고 물어본다. 과연 얼마나 이뤄져 있을까? 놀랍게도 반 이상은 이뤘다고 답하는 학생들이 꽤 있다. 단지 목표를 세워놓고 사는 것만으로도 이룰 수 있는 것이 많아지는 것이다.

일의 우선순위 ·····

할 일이 많아지면 할 일의 우선순위를 정해서 일을 해야 한다. 다음 표는 프랭클린 다이어리에서 제공하는 시간관리 매트릭스로, 스티븐 코비 박사가 저술한 《소중한 것을 먼저 하라》의 핵심 내용이다.

	긴급함	긴급하지 않음
중요함	위기 급박한 문제 마감시간이 임박한 프로젝트, 회의, 보고	예방, 준비, 계획 관계 구축 재충전(어학, 학습) 가치관 확립
중요하지 않음	불필요한 방해물 중요하지 않은 전화 우편물 이메일 일부 보고서 일부 회의 다른 사람들의 사소한 문제	하찮은 일, 소일거리 활동 일부 우편물(쇼핑) 일부 전화 시간 낭비 활동 과도한 TV 시청 시간 죽이기 또는 습관적인 인터넷 서핑

이 매트릭스에서 강조하는 것은 긴급한 것이 중요한 것이 아니라 '중요한 것이 중요하다'는 철학이다. 중요하고 긴급한 것을 먼저하고,

중요하지 않은 일들은 결국 우리 인생을 갉아먹기 때문에 시간을 많이 할애하지 않는 습관을 가지라는 의미라고 할 수 있다.

중요하지 않은 일에 우리는 너무도 많은 시간을 보내고 있는 것은 아닌지 점검할 필요가 있다. 만약 누군가 중요한 일들을 모두 제쳐두고 중요하지 않은 일만 하고 있다면, 그 사람은 분명 실패하고 있는 중이다.

이 원칙은 재테크에서 대단히 중요하다. 투입할 수 있는 자원은 한정되어 있으므로 무엇이 중요하고 중요하지 않은지를 골라낼 수 있어야 더 효율적인 재테크가 가능하기 때문이다. 현명한 농부는 아무리 배가 고파도 내년에 파종할 씨앗만큼은 절대 먹지 않는다. 긴급한 것과 중요한 것을 구분할 줄 알아야 부자가 된다.

스티븐 코비 박사의 영원한 고전 《성공하는 사람들의 7가지 습관》에서도 이와 비슷한 맥락의 이야기가 나온다. 그는 "외부의 힘에 단순히 반응하는 대신, 자신이 통제할 수 있는 삶의 습관에 집중하라"고 했다. 박사는 이 습관을 일곱 개로 체계화했는데, 습관1~3은 개인적 영역의 습관이고, 습관4~6은 타인과의 관계를 갖는 습관이다. 마지막 습관7은 자기관리와 쇄신에 관한 것이다.

습관1: 자신의 삶을 주도하라.

습관2: 목표를 확립하고 시작하라.

습관3: 중요한 것부터 먼저 하라.

습관4: 상호이익을 모색하라.

습관5: 경청을 한 다음 상대방을 이해시켜라.

습관6: 시너지를 창출하라.

습관7: 심신을 단련하라.

부자가 되고자 하는 '목표'를 확립한 후 중요한 것을 찾는 '습관'을 가진다면 스티븐 코비 박사의 조언대로 모두 부유함을 얻을 수 있을 것이다.

우선순위를 정하는 과학적 방법 - - - - -

내 전공은 경영공학이다. 특이한 학문이다. 경영과 공학을 한꺼번에 연구하는 학문이라는 의미일 것이다. 학문의 내용은 대체로 산업공학과 비슷해서 학부 때 산업공학 전공자들이 동일 전공으로 대학원에 진학하는 것으로 보인다.

경영공학에서 필수과목으로 이수해야 하는 과목이 의사결정론인데, 이 과목에서는 우선순위를 정하는 여러 가지 방법을 다룬다. 그중에서 가장 많이 사용되는 다속성 의사결정 기법(Multi Attribute Decision Making, MADM)을 예를 들어 소개하고자 한다.

여러분이 자동차를 구입한다면, 향후 몇 년간 사용해야 할 귀중한 자산이기에 매우 신중해질 것이다. 여러 브랜드를 살펴보고, 가격도 알아보고, 대리점에서 설명도 듣고, 친구들과 상의하면서 비교적 시간을 많이 투자해 구매하려 할 것이다. 직관적으로 특정 모델을 선택하기에는 매우 어려운 의사결정 문제가 될 수밖에 없다. 하지만 MADM을 사용하게 되면 비교적 쉽게 의사결정을 내릴 수 있다.

1단계: 고려하는 속성을 찾는다

회사의 업무용 차량을 구입한다면 직원 모두에게 설문을 돌려 객관성을 확보해야겠지만, 내가 탈 차이기 때문에 나의 주관적인 '속성(attribute)'을 적는 것도 가능하다. 이렇게 해서 '가격', '디자인', '성능', '제조사' 네 가지 속성을 골랐다고 가정해보자.

2단계: 각 요소들의 중요도를 표시한다

의사결정 기법 중에는 각 요소들의 중요도를 찾는 방법도 여러 가지가 있다. 이 중에서 가장 간단한 방법은 1~10점까지 '가중치(weight)'를 임의로 부여하는 방법이다. 여기서는 가격 7, 디자인 5, 성능 10, 제조사 5의 가중치를 부여한다.

3단계: 대안을 열거한다

다음으로 대안으로 생각하는 자동차 모델들을 A, B, C로 열거한다.

4단계: 의사결정표를 작성하고 대안을 평가한다

다음의 표처럼 자동차 A, B, C의 점수를 적는다. 0부터 10까지 해도 좋고, 0점부터 100점까지 표기해도 좋다.

가중치\모델	가격 7	디자인 5	성능 10	제조사 5	합계
자동차 A					
자동차 B					
자동차 C					

1부터 10점까지 점수를 주기로 결정하고 대안을 평가한다.

가중치\모델	가격 7	디자인 5	성능 10	제조사 5	합계
자동차 A	10	8	8	8	
자동차 B	5	10	10	5	
자동차 C	7	8	9	7	

5단계: 가중치를 적용해 계산하고 합계를 낸다

가중치에 각 대안의 평가점수를 곱해 모두 더하면 결괏값이 나온다.

가중치\모델	가격 7	디자인 5	성능 10	제조사 5	합계
자동차 A	10	8	8	8	230
자동차 B	5	10	10	5	210
자동차 C	7	8	9	7	214

자동차 A : 7×10 + 5×8 + 10×8 + 5×8 = 230

자동차 B : 7×5 + 5×10 + 10×10 + 5×5 =210

자동차 C : 7×7 + 5×8 + 10×9 + 5×7 =214

6단계: 결과를 활용한다

결과가 맘에 들지 않을 수도 있다. 하지만 본인의 생각을 쪼개서 계산한 것이기 때문에 객관적인 결과라고 인정해야 한다.

앞의 의사결정표의 결과를 활용한다면 자동차 A를 선택하는 것이 가장 현명한 의사결정이라고 할 수 있다. 물론, 선택은 의사결정자의 몫이다. 만약 MADM 기법을 알고 있는 관리자라면 당연히 이와 같은 표를 만들어 의사결정을 하려 할 것이다.

목표의 성취는 꿈의 크기에 비례한다 - - - - -

일본인들이 많이 기르는 관상어 중에 '고이'라는 잉어가 있다. 이 잉어를 작은 어항에 넣어두면 5~8cm밖에 자라지 않는다. 그러나 아주 커다란 수족관이나 연못에 넣어두면 15~25cm까지 큰다. 고이는 자기가 숨 쉬고 활동하는 세계의 크기에 따라 작은 물고기가 될 수도 있고 대형 잉어가 되기도 한다.

우리의 '생각'은 고이와 같다. 우리가 더 큰 생각을 품고 더 큰 꿈을 꾸면 더 크게 자랄 수 있다. 생각의 크기는 제한을 받지 않는다.

큰 부자가 되기 위해서는 큰 부자의 꿈을 꾸어야 한다. 짐 콜린스는 《좋은 기업을 넘어 위대한 기업으로》에서 "위대한 것의 적은 좋은 것이다"라고 말한다. 그저 좋은 사람, 좋은 기업 정도를 생각하는 사람과 위대한 사람, 위대한 기업을 꿈꾸는 사람의 행동은 분명 다를 것이다.

우리가 무엇인가를 이루려고 할 때, 좋은 것에 만족할 것인가? 아니면 더 위대한 꿈을 꿀 것인가? 쉽지 않은 의사결정이다. 결국 그 사람의 타고난 습성, 다시 말해 근성이 있어야 큰일을 도모할 수 있다. 근성은 타고나기도 하고, 스스로의 수양에 의해 다듬어지기도 한다.

인생을 멀리 보는 생애주기별 재무 목표 설정 - - - - -

모든 사람들은 결혼해 가정을 꾸리고 사망할 때까지 예정된 일련의 과정을 거친다. 직장생활을 하면서 주택을 마련하고, 무사히 정년퇴직을 하면 노후생활로 들어간다. 자녀를 갖게 되면 유치원과 초중고 교육과정을 거쳐 대학에 진학한다. 졸업 후에는 직장을 갖게 되고 결혼을 하면서 독립하게 된다.

개인에 따라 직업도 다르고, 결혼 연령도 다르고, 자녀 수도 다르며, 교육관도 다를 것이지만, 분명한 것은 충분히 예상할 수 있는 과정들을 거친다는 사실이다. 이처럼 일반적인 가계에 일관성 있게 나타나는 일련의 과정을 생애주기(life cycle)라고 부른다.

생애주기에 따라 가계의 소득과 소비 규모를 예상할 수 있다. 때로는 가계소득이 소비를 초과하기도 하고 때로는 소비가 소득을 초과하기도 한다. 이러한 불균형을 미리 예상하고 장기적인 소득과 소비의 조화를 꾀하는 것이 안정적인 가계운영의 지름길일 것이다.

살다 보면 목돈이 들어가는 경우가 있기 때문에 지출이 소득을 초과하는 시기가 분명 있다. 그러므로 예상되는 큰돈을 모으는 것은 장기적으로 중요한 재무 목표라 할 수 있다. 뿐만 아니라 시기에 따라 자동차 구입, 해외여행 등과 같은 크고 작은 재무 목표들도 등장할 수 있다. 생애주기별로 적절한 재무 목표들을 정리하면 다음과 같다.

생애주기	주요 재무 목표	준비사항
사회 초년기 (20대)	결혼자금 마련 내 집 마련 준비 자동차 구입	예산 세우고 지출관리 시작 주거래 은행 정하기 장기주택마련저축/주택청약저축 가입
가정 꾸미기 (30대)	자녀 육아 비율 교육자금 마련 은퇴자금 마련	위험관리/개인연금보험 가입 세제 혜택 상품 및 펀드 상품 가입
자녀 성장기 (40대)	자녀 교육비 마련 주택 규모 넓히기 은퇴자금 마련	연금보험 불입액 증가/위험관리 펀드 상품 불입액 증가 부채 상환 계획
가족 성숙기 (50~60대)	자녀 결혼자금 자녀 교육비 지출 노후생활 준비 상속, 증여 플랜	부채, 모기지 상환 보험, 투자, 연금 상품 점검 의료, 건강보험 점검 질병 및 은퇴 후 생활 준비 봉사, 취미, 종교생활 준비 유언, 상속 준비 상담

(출처: 김기영, 송영출, 《행복한 부자 되기》, 비즈프라임)

평생 큰돈이 들어가는 경우 -----

한 달에 생활비가 얼마나 필요한지는 가계부를 들여다보지 않아도 대략 짐작할 수 있다. 그런데 살아가다 보면 생활비 이외의 목돈이 갑자기 필요한 경우를 만난다.

평생 큰돈이 필요한 경우는 언제일까? 성인이 된 후 사망할 때까지 큰돈이 필요한 경우를 순서대로 열거하면 결혼, 내 집 마련, 자녀 교육, 노후생활로 집약할 수 있다. 그리고 질병이나 재난과 같은 예상치 못한 경우에 대비한 긴급자금도 필요하다. 이를 5대 필요자금이라 부른다.

이 필요자금들을 미리 대비하지 않으면 당장 그 시기가 닥쳤을 때 상당한 재정적 어려움에 처하게 된다. 따라서 모든 재테크는 이처럼 인생 전체를 돌아보며 필요자금을 미리 계산하고 장기적인 목표를 세워야 더욱 탄탄해질 수 있다.

09

부자상수 K 2요소:
습관

부자상수 *K*는 부자들의 삶의 방식에 비례한다. 부자는 아무나 되는 것이 아니다. 그래서 수많은 사람들이 주식투자, 부동산 경매 등을 공부하고, 재테크에 심혈을 기울인다. 그러나 안타깝게도 이를 통해 부자가 되는 사람들은 그리 많지 않다.

재테크 전문지식은 수단일 뿐, 누가 투자를 하느냐에 따라 투자의 성공여부가 달라지는 것이 일반적인 현상이다. 로또 등 일확천금을 얻어 일시적인 부자가 된 사람들도 있지만 얼마 안 가서 모든 재산을 탕진하고 불행해진 사례도 많이 볼 수 있다.

수많은 재테크 서적에서 공통적으로 언급하는 내용은 "부자의 자질을 갖추어야 부자가 된다"는 것이다. 내가 경험적으로 체득한 바와 같다. 부자가 되는 것도 중요하지만, 부유함을 지키는 것도 매우 중요하다. 부유함을 체화해 죽을 때까지 지킬 수 있는 부자가 진정한 부자이고 행복한 부자라 할 수 있겠다. 여기서는 행복한 부자, 진정한 부자를 줄여 그냥 부자라고 명명하겠다.

국내의 모든 재테크 관련 도서를 정리해 간추린 행복한 부자들의 공통점은 다음과 같다.

즐기는 사람은 눈빛부터가 다르다

《논어》에는 이런 구절이 있다. "아는 사람은 무언가를 좋아하는 사람만 못하고, 좋아하는 자는 그것을 즐기는 자만 못하다(知之者不如好之者 好之者不如樂之者)." 즐기는 사람은 눈빛부터가 다르다. 부자가 되는 게 즐거워야 한다.

부자는 돈을 쫓지 않는다. 하고 싶은 일을 하면서 자연스럽게 부자가 되는 방법을 찾는다. 대학원 시절 외국 대학에서 총장까지 지낸 존경하는 교수님께서 사적인 자리에서 해준 말씀이 생각난다. 사실, 첫째는 영어를 놓지 말고 끝까지 하라는 말씀이었다. 하도 많이 들어서 크게 신경 쓰지 않았는데, 다음 이야기가 맘에 와 닿았다.

"하고 싶은 일을 하다가 돈이 생기면 거절하지 말고, 명예가 생겨도 거절하지 말고, 권력이 생겨도 거절하지 않으면 저절로 부자가 된다."

하고 싶은 일을 해야 행복하다는 말씀이었다. 이러한 생각이 말처럼 쉬운 일은 아니다. 대부분의 사람들은 하기 싫은 일을 하면서 돈을 번다. 성경의 구절처럼 에덴동산에서 선악과를 따먹은 원죄로 여자는 아이를 낳는 벌을 내리셨고, 남자는 아침부터 해 질 때까지 평생 일을 해야만 먹고살게 하셨는지도 모른다.

가족을 사랑해야 돈이 모인다

막대한 부를 이룩하거나 지위와 명성을 얻으려 하는 것은 주로 상대를 기쁘게 하려는 소망 때문이다. 사랑하는 사람을 위해 목숨을 바치기도 한다. 마약이나 술을 찾기보다 사랑을 하라.

주변에 돈을 잘 버는 친구가 하나 있는데, 딱 하나 단점이 부부간에 사이가 좋지 않다는 것이다. 임대사업을 하고 싶은데 임대수입에 따른 종합과세가 신경이 쓰인단다. "종합소득세는 부부간 분리과세가 되니 임대사업을 아내 이름으로 하면 되지 않아?" 하고 물었더니 "헤어지면 재산분할 때문에 고민스럽다"는 대답이 돌아왔다. 아내와 헤어질 생각부터 하고 있으니 돈을 모을 수 있겠는가?

남녀 간의 사랑뿐만 아니라 사회에서 뜻을 펼치기 위해서는 협력자가 필요하다. 소망을 돈이나 그 밖의 가치로 전환하는 에너지는 명확한 목표를 달성하기 위해 모인 사람들의 조직적인 지식과 노력, 협조가 결합할 때 훨씬 더 강력해진다. 즉, 둘 이상의 두뇌가 조화를 이뤄 협력할 때 하나의 두뇌보다 훨씬 월등한 '사고'적 에너지를 만들어낼 수 있는 것이다. 조화의 정신과 인정을 가지고 우정을 나누어가는 도중에서 우리는 사람들의 소질이나 습관, 사고력 등을 흡수해간다.

하루를 더 참아낸다

마사이족의 기우제는 한 번도 실패한 적이 없다. 비가 올 때까지 기도하기 때문이다. 인내력은 마음의 작용이고, 그 근본에는 의지의 힘이 있다. 인내력의 결여는 실패의 최대 원인이다. 독자들에 물어보고 싶다. 우리 대부분이 순간적인 만족을 위해 미래를 망치는 경우, 순간 편하기 위해 일을 뒤로 미루는 경우가 허다하지 않은가?

인내력은 개발과 단련이 가능하다. 인내력을 키우는 여덟 가지 포인트는 '목표의 명확화', '소망', '자신감', '계획의 조직화', '정확한 지식', '협력심', '의지의 힘', 마지막으로 '습관'이다. 특히 목표가 구체적이지 않으면 노력은 길을 잃는다. 막연히 큰돈, 많은 돈이 아니라 되고자 하는 부자의 상을 명확하게 그릴 때, 우리의 인내심은 비로소 성공을 향한, 그리고 부자를 향한 길을 찾는다.

사람의 마음속에는 탐욕과 공포가 공존하며, 이러한 탐욕과 공포 때문에 빈번하게 투자에 실패한다. 내 경우, 우량주에 투자해놓고 2008년 금융위기 당시 추가하락에 대한 공포를 견디지 못하고 매도해 큰 손실을 본 적이 있다. 매도하고 정확히 한 달 뒤, 그 주식은 2배 이상 상승했다. 주가 추이를 살펴보니 매도 시점이 그 주식 역사상 가장 낮은 가격이었다.

'하루만 더 참았다면' 하는 생각을 해봤다. 인내는 공포를 이기는 덕목이다. 그런 경험 이후 투자한 주식이 폭락할 때 공포감에 휩싸이기보다는 오히려 좋은 기회로 삼아 더 많이 투자했다. 다행스럽게도 시장수익률보다 훨씬 많은 투자 이익을 얻어왔다. 물론, 우량주였기에 가능한 일이었다.

사업이나 투자를 하다 보면 항상 일이 잘 진행되는 것은 아니다. 언제나 누구든 고난이 찾아온다. 이런 고난을 잘 극복할 때 크게 성공할 수 있다. 일본에서 '경영의 신'으로 통하는 마쓰시다 고노스케는 이렇게 말한다.

"추운 겨울이 지나면 따뜻한 봄이 오듯, 어려움은 당신이 인내하고 극복한 끝에 찾아올 봄을 알리는 전령임을 알아야 한다. 대개 성공한 사람들은 반드시 때가 올 것이라는 믿음으로 조용히 기다린다. 절대로 초조하게 허둥대지 않는다."

나무를 베기 전에 도끼날을 세운다

두 나무꾼이 있었다. 그들은 마을 최고의 여자를 신부로 맞이하기 위해 경쟁했다. 그녀는 겨우내 사용할 땔감을 하루 동안 제일 많이 가져오는 남자를 자신의 배우자로 맞이하겠다고 선언했다. (그녀를 향한 사랑의 크기는 두 나무꾼 모두 동일했고, 여자와 여자 쪽 부모님도 동의했다.)

시합의 규칙이 정해졌다. 9시부터 8시간 동안 가장 나무를 많이 한 사람이 승리자가 된다. 나무꾼A는 시합 당일 7시부터 도시락을 싸고, 8시부터는 1시간 동안 도끼날을 갈았다. 나무꾼B는 푹 자고 일어나 밥을 딱 한 번만 먹고 하루 종일 일하기로 결심했다. "배고픔 따위는 문제가 안 돼. 그녀를 위해서라면 한 끼 정도는 굶을 수 있어. 물만 먹으면 돼. 물을 많이 가져가야겠어." 나무꾼A도 아침 한 끼는 무지 많이 먹어야지 하며 9시까지 밥을 먹었다.

나무꾼B는 시합이 시작되자 뛰어가서 떡갈나무 하나를 선택해 도끼질을 시작했다. 쉬지 않고 도끼질을 했다. 밥도 안 먹고 소변도 참아가며 일했다. 물은 마셨다. 땀이 비 오듯 쏟아졌다.

나무꾼A는 40분을 도끼질을 하면 반드시 20분은 쉬면서 도끼날을 갈았다. 힘은 B만 못했지만, A는 도끼날이 무뎌지면 도끼질이 안 된다는 사실을 잘 알고 있었다. 점심도 30분이나 먹으면서 40분 정도 일을 하면 쉬면서 도끼날을 20분 정도 꼭 갈았다. 누가 이겼을까?

나무꾼A가 이겼다. 안타깝게도 하루 종일 죽도록 일한 B는 A의 반보다 나무를 하지 못했다. 나무꾼B의 도끼날은 시합을 시작한 지 1시간 만에 무뎌져서 열 번 찍으면 쓰러질 나무가 100번을 찍어도 쓰러지지 않았고, 그 차이는 점점 벌어져서 A가 승리를 하게 된 것이다.

부자들은 어려울 때 자신을 낮추고 끊임없이 공부하고 단련하는 축적의 시간을 갖는다. 일 속에 파묻혀 일만 한다고 큰일을 이룰 수 있는 것이 아니다. 하면 되는 것이 아니라는 이야기다.

인생을 마라톤에 비유하곤 하는데, 우리 인생은 그보다 수백 배 수천 배 긴 여정이다. 인생에서 성공하기 위해서는 미래의 원대한 계획을 세우고 항상 도끼날을 갈아가면서 건강하게 자기관리도 해야 한다. 때로 어려움을 견뎌야 하는 순간도 있겠지만, 하루하루를 성실하게, 그러나 전략적으로 살아가야 할 것이다.

심판이 되지 않는다

나를 좋아하는 사람을 좋아하는 것은 누구나 할 수 있는 일이다. 나를 싫어하는 사람을 좋아할 수 있는 사람이 진정한 승리자다.

전 세계에서 가장 존경받는 리더 중 한 명인 에이브러햄 링컨은 변호사로 활동하던 당시 제임스 쉴즈라는 정치인을 "허영심 많은 싸움꾼"이라며 신랄하게 비판했던 적이 있다. 분개한 쉴즈는 링컨에게 결투를 신청했고, 링컨은 둘 중 하나가 죽는 이 결투를 막기 위해 동분서주했다.

대통령 당선 직후부터 미국의 노예해방을 주도하면서 수많은 죽음의 위기 속에서 가까스로 살아남은 링컨은 이 사건을 두고두고 기억하며 다른 사람들을 비판하지 않았다. 좋은 사람이란 평가를 받게 된 것에는 이러한 이유도 있지 않을까.

카네기는 《인간관계론》에서 좋은 인간관계를 갖기 위해 '다른 사람들에게 순수한 관심을 기울일 것', '미소를 지을 것', '이름을 기억할 것', '경청할 것', '상대방의 관심사에 대해 이야기할 것', '상대방으로 하여금 중요하다는 느낌이 들게 할 것'이라는 여섯 가지 원칙을 제시했다. 그러면서 절대 비난이나 비평, 불평을 하지 말라고 충고한다.

"살인자라도 자신은 좋은 사람이라고 생각한다. 하물며 보통사람들은 자신이 얼마나 좋은 사람이라고 생각하며 살겠는가? 그들에게 나쁜 사람이라고 한다면 좋아할 리 없다. 오히려 그 말을 한 사람을 싫어하게 될 것이다. (…)

사람들을 비난하기보다는 그들을 이해하려고 노력하라. 그들이 왜 그런 행동을 했는지 구체적으로 파악하라. 그렇게 하는 것이 훨씬 유익하고 흥미롭다. 그렇게 하면 동정심과 인내와 온유함이 길러진다."

모든 것을 알게 되면 모든 것이 용서된다. 하나님께서도 사람이 죽을 때까지는 심판하려 하지 않으신다. 그런데 왜 우리는 심판하려고 하는가?

자극에 곧바로 대응하지 않는다

"하등 동물일수록 반응의 속도가 빠르다. 지렁이는 밟으면 곧장 꿈틀하지만, 우리는 지렁이가 아니다." 내가 가장 존경하는 은사님께서 하신 말씀이다. 뇌가 발달할수록 자극에 대해 많은 생각을 하고 결정한다는 것이다.

즉각적인 대응보다는 신중한 생각이 더 좋은 의사결정에 도움이 된다. 투자 의사결정을 할 때도 마찬가지다. 즉흥적인 대응보다는 많은 변수들을 고려해서 투자한다면 위험을 크게 줄일 수 있다.

예를 들어, 당신이 부동산투자를 고민하고 있는데 출산율 하락으로 부동산 경기가 침체된다는 뉴스를 봤다면 어떤 선택을 내릴 것인가? 곧바로 투자를 포기할 것인가? 결론부터 이야기하자면, 뉴스 하나 때문에 성급하게 투자를 포기할 필요는 없다. 부동산 가격에 영향을 미치는 요소에는 출산율만 있는 것이 아니다. 경기변동, 인플레이션, 국가정책 등 여러 가지가 있다는 사실을 안다면 조금 더 신중하게 투자 의사결정을 할 수 있을 것이다.

차별적으로 사랑한다

수리생물학의 아버지로 알려져 있는 가우스는 모스크바대학교 교수로 재직하던 1934년 동일 속(genus)에 속하는 아주 작은 두 마리의 원생동물을 가지고 실험을 진행했다. 만약 이 두 마리의 동물이 서로 다른 종(species)이면 공존·공생이 가능하다. 그러나 같은 종이면 불가능하다. 한 쌍의 동종 생물이 먹이와 같은 어떤 중요한 자원을 놓고 경쟁하면 조만간 하나가 다른 하나를 제거해버린다.

그는 이와 같은 관찰을 통해 두 개의 동일한 종(동물)이 똑같은 방법으로 생명을 보전하려고 할 때는 결코 공존한 수 없다는 이른바 '경쟁적 배제의 원칙(principle of competitive exclusion)'을 도출해냈다.

수백만 년에 걸쳐 수많은 종들이 복잡하고 다양한 상호경쟁을 벌이면서 오늘날 지구상에는 100만 종이 넘는 독특한 생명체들이 존재하게 되었다. 이들은 생존에 필요한 자원경쟁에서 각자 잘하는 분야, 잘하는 역할을 찾아 각각의 고유한 강점들을 만들어냈다. 환경이 풍요로울수록 각각의 생물이 나름의 강점을 가질 수 있는 가능성과 변종 가능성은 더욱 늘어난다. 그러나 동시에 환경이 풍요로울수록 잠재적 경쟁자의 숫자도 더욱 늘어나며 경쟁은 한층 더 격화된다.

수백만 년간 이어진 자연경쟁에서는 우연과 확률의 법칙에 의해 경쟁자들이 각자 서로 다른 특질에 가장 적합한 자원의 조합을 찾아냈다. 이것은 전략이 아니라 단지 적응과 적자생존에 근거한 자연도태 현상이었다.

모든 생태계에는 이와 동일한 패턴이 존재하며, 기업 역시 그 패턴에서 자유롭지 않다. 생태계의 경쟁에서든 상거래상의 경쟁에서든 중요하고 일반적인 요소는 계획되지 않은 우연, 즉 '운'이다. 바로 '운'이 한 세대에서 다음 세대까지 생존하고 번식하게 만드는 돌연변이와 변종을 결정하는 것이다.

결국 우리는 서로 행복하게 살아가기 위해 달라야 한다. 경쟁이 치열해지지 않도록 하기 위해 달라야 하는 것이다. 그러니 다양성을 인정하고 그 속에서 강점을 찾아내는 것이야말로 성공하는 사람들의 소양인 것이다.

이러한 다양성에 대한 인정으로부터 '차별애'가 나온다. 부자들은 차별을 해야 할 때는 정확하게 차별한다. 사람들은 차별은 나쁜 것으로 생각한다. 인종이나 성별에 의한 차별은 분명 나쁘다. 선생님들도 학생들을 차별적으로 사랑해서는 안 되는 것도 맞다. 그런데 학생들을 공평하게 사랑해야 할 선생님이 다른 반 학생들보다 더 각별하게 우리 반 학생들을 사랑한다면 차별이라고 할 수 있을까?

공자는 사람들을 차별해야 질서가 생긴다고 말했다. 이런 차별은 부모나 형제에 대한 사랑이 이웃보다 강하다는 '차별애'에 근거한다. 예를 들어, 친누나와 고등학교 동창의 결혼식이 겹쳤다면, 우리는 당연히 친누나의 결혼식에 참석할 것이다. 아무도 그것을 차별이라고 생각하지 않는다. 부자들은 공평하게 한다고 나에게 도움을 준 사람들을 몰라라 하지 않는다. 어떻게 보면 유대감 강화의 다른 말일 수도 있는 것이다.

원하는 것에 집중한다

동양철학에는 동기감응(同氣感應)이라는 말이 있다. 같은 기운끼리 서로 통한다는 뜻이다. '끌어당김의 법칙'이라고 생각하면 이해하기 쉬울 것이다. 사람들이 원하는 것을 얻지 못하는 이유는 원하는 것보다 원하지 않는 것을 더 많이 생각하기 때문이다. 싫어하는 대상을 생각하고 이야기하기 때문에 원하지 않는 일만 생기는 것이다.

좋은 것만 생각하라. 계속 생각하다 보면 자연히 그와 관련한 일에 관심을 갖게 되고, 관심을 갖다 보면 노력을 하게 되고, 노력을 하다 보면 어느새 기회를 만난다. 그 기회가 큰 행운으로 연결되는 것이다. 이것이 바로 부자들이 갖고 있는 행운의 습관이다.

몇 해 전 스승의 날 행사에서 은사님이 "행운이란 그냥 하늘에서 뚝 떨어지는 것이 아니다. 우리가 평소에 행운을 부르는 습관을 들이면 항상 행운을 달고 다닐 수 있다"는 덕담과 함께 마크 마이어스의 《행운이 항상 따르는 사람들의 7가지 비밀》이라는 책을 소개해주셨다.

마크 마이어스는 기회를 "99%의 고된 노력이 단 1%의 행운과 만나는 것"이라고 정의했다. 세상을 만만하게 보지 않고 끊임없이 열심히 사는 사람들에게는 행운이 쉽게 찾아오고, 결국 성공에 이른다. 사람들은 '질투심' 때문에 타인의 성공을 단지 행운으로 치부해버린다. 남이 나보다 훌륭해서 성공했다고 믿고 싶지 않은 것이다. 하지만 실제 행운은 그들의 몸에 배어 있는 행운의 '습관'들이라는 것을 잊지 말아야 한다.

베스트셀러 《겟 스마트》의 저자이자 동기부여 전문가인 브라이언 트레이시는 국내 강연 당시 8억 원이 넘는 강연료로 이목을 끌었다. 그가 2시간 동안 진행한 강연을 한마디로 요약하면 "어둠을 탓하지 말고 촛불을 밝혀라"였다. 빛을 바라보면 뒤에 그림자가 생긴다. 그림자를 바라보고 사는 어리석은 사람이 되지 말아야 한다.

노력의 저지 세력을 극복한다

미켈란젤로의 조각품을 보던 한 사람이 미켈란젤로에게 말했다. "보잘것없는 돌들로 이런 훌륭한 작품을 만들다니 정말 대단합니다." 이미 거장의 반열에 들었던 미켈란젤로의 대답은 지금까지도 사람들을 감동시키고 있다.

"아닙니다. 제 작품은 이미 화강암 안에 들어 있었습니다. 저는 단지 필요 없는 부분들을 걷어내 그것을 보여줬을 뿐이지요."

미켈란젤로, 아인슈타인, 링컨 등 위대한 사람들의 경지는 분명히 겸손과 연관되어 있다. 이들은 자신의 역할을 자연의 한 과정으로 본다. 자신의 일을 전체 속의 한 부분으로 보는 것이다. 내가 아니라 '함께'라는 생각이 들 때, 겸손은 큰일을 하게 된다.

인생을 훌륭하게 살아가겠다는 결심과 노력을 무너트리는 것이 있다. 바로 '식욕과 정욕', '자존심과 가식', '야심과 공명심'이다. 나는 이를 '저지 세력'이라고 부른다. 자신의 기본적인 신체적 욕구를 통제하지 못하는 사람은 자신의 열정이나 감정도 통제할 수 없다.

부자들은 특별한 방식으로 이런 저지 세력을 극복한다. '식욕과 정욕'이라는 저지 세력을 극복하기 위해 '자제력과 극기'를 연마하고, '자존심과 가식'을 극복하기 위해 자신의 '성품과 역량'을 최대한 발휘해 일한다. 끝없는 '야심과 공명심'을 극복하기 위해 자신의 재능과 자원을 고귀한 '목적과 봉사'의 삶에 바치기로 결심한다.

일하지 않고 얻은 재산, 양심이 결여된 쾌락, 도덕이 결여된 사업, 인간성이 결여된 과학, 희생이 결여된 종교, 원칙이 결여된 정치 또한 우리 삶을 파괴한다. 부자들은 스스로를 파괴하는 이러한 일곱 가지 '결여'에 대해 끝없이 고민하고 채우기 위해 노력한다.

지구상에서 가장 숫자가 많은 동물은 무엇일까? 사자? 곰? 늑대? 사나운 짐승들은 모두 멸종위기에 있다. 인간 세계도 마찬가지다. 강함은 세상을 지배할 수 없다. 이 세상은 온유한 사람의 것임을 잊지 말자. "온유한 자는 복이 있나니 그들이 땅을 기업으로 받을 것임이요"라는 성경 구절도 있지 않은가. 누군가 화를 내지 않는다고 해서 그 사람이 나약하다고 여긴다면 어리석은 생각이다.

10

부자상수 K 3요소:
위험관리

부자상수의 크기는 위험관리에 비례한다. 최근 투자 대상이 다양해지면서 투자자들은 어떤 투자 대상에 얼마를 투자해야 할지를 고민하지 않을 수 없다. 즉, 주식이라면 어떤 종목의 어떤 회사를 선택할지, 부동산이나 채권을 포함해야 할지 등을 결정해야 한다.

이와 같은 문제를 다루고 해답을 제시하고자 하는 이론을 현대 포트폴리오 이론이라 한다. 현대 포트폴리오 이론은 여러 투자 대상에

동시에 투자했을 때 투자자들이 얻게 되는 기대수익률과 위험의 관계에 대한 해답을 제시한다.

투자의 위험을 분산시키는 포트폴리오 - - - - -

포트폴리오란 둘 이상의 투자자산의 조합을 의미한다. 포트폴리오를 활용하는 가장 큰 이유는 위험을 분산시키는 것이다. 한쪽 자산에서 손실이 발생하더라도 다른 쪽 자산에서 이익이 날 수 있다면 전체적인 위험이 줄어들기 때문이다.

투자에 문외한인 사람들조차도 "달걀을 한 바구니에 담지 마라"라는 투자격언은 안다. 달걀을 한 바구니에 담으면 관리하기는 편하다. 하지만 바구니를 떨어뜨렸을 때 가지고 있던 모든 달걀이 깨질 수 있다. 투자를 할 때도 한군데에만 전 재산을 투자하게 되면 그 종목이 잘못되었을 때 재산을 모두 잃을 수 있으므로 여러 종목에 분산해서 투자해야 한다는 것이다.

이는 투자에만 해당되는 이야기가 아니다. 모든 것을 한쪽에만 몰아놓으면 문제가 생겼을 때 대처할 수가 없다. 예를 들어, 노후를 오로지 자녀에게만 의지한다면 자녀가 나이 들고 나를 모른 척했을 때 손쓸 도리가 없다. 또 집안에서 돈 벌 사람이 남편뿐이라면 남편이 실직했을 때 식구들은 당장 굶어야 한다.

실제로 전 재산을 공모주 청약 같은 당시 유행하는 상품에 몰아넣은 사람들이 얼마나 큰 피해를 입었는가? 모든 분야에서 위험성을 분산시키는 것이야말로 금전감각이 뛰어난 사람이라고 할 수 있다.

위험의 크기를 줄이는 방법 - - - - -

우리가 보통 이야기하는 '수익률(return)'이란 일정 기간 투자한 자금이 얼마나 불어났는지를 의미한다. 일반적으로 수익률은 주어진 투자기간 동안의 투자수익률(Return On Investment, ROI)을 의미하는데, 보유기간수익률(holding period return)이라고도 부른다.

미래에 내가 얼마의 수익률을 얻을 수 있을지는 내가 가진 투자 방법별로 시나리오를 짜고 이 시나리오들의 예상수익률을 계산한 후 평균을 냄으로써 구할 수 있다. 적금으로 얼마, 펀드로 얼마, 주식으로 얼마 하는 식으로 각각의 수익률을 구해서 이를 평균 내는 것이다.

물론 미래는 아무도 확신할 수 없다. 이러한 미래의 불확실성으로 인해 투자수익률의 변동성(variability)이 발생하는데, 이것이 바로 '위험'이다. 흔히 재무적 위험은 분산(variance, 표준편차의 제곱)이라는 통계량을 사용하는데, 전문투자자가 아닌 이상 복잡한 공식까지 외울 필요는 없으니 넘어가기로 하자. 중요한 것은 두 개 이상의 투자 대상에 나눠서 투자, 즉 분산투자를 할 경우 위험이 줄어든다는 것이다.

이때 위험이 줄어드는 정도는 각 투자자산 간의 상관관계에 따라 달라진다. 수학적으로 상관관계의 크기는 -1부터 +1까지다. 변량 사이에 한쪽이 증가하면 다른 쪽도 증가(또는 감소)하는 경향이 있을 때, 이 두 변량 사이에는 상관관계가 있다고 한다.

이러한 예는 흔히 볼 수 있다. 예를 들면, 키가 큰 사람은 작은 사람에 비해 일반적으로 몸무게가 많이 나간다. 이와 같이 한쪽이 증가하면 다른 쪽도 증가하는 관계를 양의 상관관계라고 한다. 또 어떤 제품의 생산량이 늘어나면 그 제품의 가격이 떨어지는 경향처럼 한쪽이 증가하면 다른 쪽은 감소하는 관계를 음의 상관관계라고 한다.

+1은 '완전 양의 상관관계'라 하며, 같은 방향으로 같은 정도의 움직임을 갖는다. -1은 '완전 음의 상관관계'라 하고 같은 정도로 반대 방향으로 움직인다는 것을 의미한다. 발이 크다면 신발도 커지게 마련이다. 신발의 크기는 발의 크기에 따라 거의 비슷한 정도로 커지게 되는데, 통계적으로는 +1 정도의 상관관계를 가질듯하다.

다음 그래프는 포트폴리오의 숫자가 늘어남에 따라 위험이 감소하는 것을 보여준다. 쉽게 말해, 주식을 하나만 가지고 있을 때보다 다섯 개 가지고 있으면 위험성이 낮아지고, 열 개 가지고 있으면 더 낮아진다. 이처럼 포트폴리오를 구성하는 자산의 종류가 많아질수록 위험성도 낮아지는 것이 일반적인 현상이다.

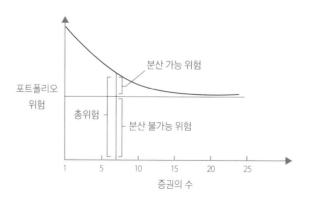

이론적으로 무위험자산이 존재하는 현실에서 가장 효율적인 포트폴리오는 시장 포트폴리오를 뜻한다. 주식시장의 경우 시장 포트폴리오는 상장된 모든 주식을 시가총액에서 차지하는 비율로 분산투자했을 때 성립된다. (이의 대용물로는 보통 시가총액 방식의 종합주가지수가 사용된다.)

분산 효과에 의해 모든 위험이 제거되는 것은 아니다. 그래프에서도 볼 수 있듯이, 증권의 수를 아무리 늘려도 어느 순간부터는 위험이 더 이상 낮아지지 않는다. 위험에도 두 가지 종류가 있기 때문이다.

위험은 포트폴리오 구성을 통해 피할 수 있는 비체계적 위험(분산 가능 위험)과 포트폴리오로도 피할 수 없는 체계적 위험(분산 불가능 위험)으로 나뉜다. 경제의 전반적인 상태가 안 좋거나 조세제도의 변화, 국제원유가 등락, 전쟁의 위협 등 시장 시스템에 문제가 생기면 개별 투자 종목에 의해 위험을 피하는 것이 어려워진다. 최근 코로나 바이러스의 유행으로 투자들의 공포감이 시장에 반영되어 우리나라를 포함해 전 세계의 주가지수가 40% 이상 급락한 상황이 발생했는데, 이러한 유형의 위험이 '체계적 위험'이다.

위험과 수익률을 숫자로 계산하기 - - - - -

위험은 수익률의 표준편차로 계산할 수 있는데, 기대수익률과 수익률의 표준편차를 식으로 표시하면 다음과 같다. (시그마 기호 때문에 공식이 어려워 보이지만 모든 시나리오의 결과를 합치라는 뜻이다.)

$$E(r) = \sum_{s=1}^{n} ps\,rs$$

$$\sigma^2 = \sum_{s=1}^{n} ps(rs - E(r))^2$$

($E(r)$=기대수익률, σ=표준편차, n=시나리오의 수)

A기업 주식의 위험을 구한다고 해보자. 미래 경제 상황에 따라 세 가지 시나리오를 생각해볼 수 있는데, 각각의 상황이 벌어질 확률과 예상수익률이 다음과 같다고 하자. 이 주식에 투자할 경우 기대되는 수익률은 몇 퍼센트며, 어느 정도 위험할까?

미래 경제 상황 예상	확률	예상수익률
호황	0.25	44%
현상 유지	0.50	14%
불황	0.25	-16%

호황일 때의 기대수익률은 이 시나리오가 벌어질 확률과 예상수익률을 곱하면 된다. 현상 유지일 때와 불황일 때도 마찬가지로 구할 수 있으므로 공식으로 나타내면 다음과 같다.

$$E(r) = 0.25 \times 44\% + 0.50 \times 14\% + 0.25 \times (-16\%) = 14\%$$

즉, 이 주식에 투자했을 때의 기대수익률은 14%이다.

투자 이론에서 위험은 분산으로 측정한다. 분산은 표준편차를 제곱한 것이다. A기업 주식 수익률의 분산은 다음과 같이 구할 수 있고, 결론적으로 위험성은 21.21%가 나온다.

3부 부자상수 K: 확실한 미래를 창출하는 '부'의 절댓값

$$\sigma^2 = 0.25(44 - 14)^2 + 0.5(14 - 14)^2 + 0.25(-16 - 14)^2 = 450$$

$$\sigma = 21.21\%$$

4부

마이크로 파이프라인: 본격적인 투자를 위한 실전 부자 수업

MICRO PIPELINE

시중에는 재테크 비결을 담은 책들이 많이 나와 있다. 대부분 통장을 몇 개로 나누라느니, 수익의 얼마를 투자하라느니 하는 간단한 공식 외에 이론이 필요 없다는 듯이 이야기한다. 하지만 돈은 숫자놀음이다. 어느 정도 이론과 수학이 필요하다는 뜻이다. 물론 전문가 수준까지 알아둬야 할 필요는 없지만, 자신의 돈이 어떤 과정을 거쳐 불어나고 줄어드는지를 아는 사람과 알지 못하는 사람의 차이는 클 수밖에 없다.

11

화폐의 시간가치를
계산하라

'시간선호'라는 개념이 있다. 미래에 일어날 소비에 따른 만족보다는 현재 소비를 함으로써 만족이 더 크게 나타난다는 심리 현상이다. 만약 사람들에게 지금 당장 100만 원을 받을지 아니면 10년 후에 받을지 물어본다면 백이면 백 지금 받겠다고 답할 것이다. 현재의 100만 원과 미래의 100만 원은 해당 시점에 따라 그 가치가 다르다.

사람들은 왜 현재가치를 선호할까? 첫째, 현재의 소비를 포기해야 하는 불편함 때문이다. 돈이 없어서 문제지, 쓸데는 언제나 많은 법이다. 둘째, 투자 기회를 포기해야 하기 때문이다. 지금 돈이 있다면 투자 기회가 생겼을 때 언제든 투자할 수 있지만, 10년 뒤의 일은 누구도 장담할 수 없다. 셋째, 미래 수입에 대한 불확실성과 인플레이션이 존재하기 때문이다. 자본주의 사회에서는 돈이 순환하면 반드시 물가상승, 즉 인플레이션이 발생한다. 물가상승으로 현재 100만 원으로 살 수 있는 물건을 10년 후에는 200만 원, 300만 원에 사야 할 수도 있으니 그만큼 손해를 보는 셈이다.

이런 이유로 '이자'라는 것이 생겨났다. 지금 당장 사용하지 않을 현금은 미래에 사용하기로 하고 다른 사람이 돈을 사용할 수 있게 권리를 빌려주는 대신 원금에 대한 이자를 받는 것이다.

시간이 흐르면 화폐의 가치가 달라진다 - - - - -

화폐의 시간가치는 시간의 차이에 따라 달라지는 금전가치를 말한다. 화폐의 시간가치를 잘 알고 있어야 재테크를 할 때 정확한 돈 계산을 할 수 있다.

화폐의 시간가치에는 현재 시점에서 현금을 복리 이자로 계산한 후 미래 시점으로 평가한 '미래가치'와 미래의 현금을 현재 시점으로 할인해 평가한 '현재가치' 두 가지가 있다. 금융거래가 이뤄지는 모든 계산에는 화폐의 시간가치가 반영된다.

보험에 처음 가입할 때 화폐의 시간가치를 고려하지 않는다면 손해를 볼 가능성이 크다. 만약 20년 만기 후 매월 100만 원씩 받을 수 있는 연금보험이라면 보험료는 어느 정도가 적당할까? 할인율(이자율 3%+인플레이션 1%)과 기간(20년), 미래 금액을 계산하면 20년 후 100만 원의 현재가치는 약 46만 원밖에 되지 않는다. 만약 보험료가 그 이상이라면 가입을 심각하게 고민해봐야 한다.

$$\text{미래의 금액} / \{1 + (\text{이자율}+\text{인플레이션})\}^{기간} = \text{현재가치}$$
$$1000000 / (1 + 0.04)^{20} = 456386.946202$$

화폐의 현재가치와 미래가치 -----

화폐의 시간가치는 크게 현재가치와 미래가치로 나뉜다. 현재가치는 미래에 얻게 될 확실한 부의 가치를 현재의 가치로 환산한 값이다. 미래에 얻게 될 부는 액면 그대로의 가치가 아니라 시간의 흐름에 따른 기회비용, 즉 시간가치를 포함하게 된다. 그래서 현재 시점에서 표면상 같은 금액의 돈이라고 할지라도 미래의 부와 현재의 부에 대한 가치는 달라진다.

예를 들어, 너무 목이 말라서 죽을 지경인 사람에게는 지금 당장 음료수를 사 마실 수 있는 1,000원의 효용가치가 1시간 뒤에 얻을 수 있는 1,000원보다 더 클 것이다. 목마른 사람의 예가 아니더라도, 지금의 1,000원을 다른 곳에 투자해 미래에 초과이익을 얻을 수도 있다.

같은 금액이라도 이래저래 미래의 돈보다 현재의 돈이 가지는 가치가 더 크다. 일반적으로 동일한 금액이면 미래에 얻게 될 부의 가치가 현재에 얻은 부의 가치보다 작다. 현재가치는 기간이 길수록, 이자율이 높을수록 커진다.

미래가치는 현재가치와 반대 개념을 가진다. 현재 시점에서 보유한 금액과 동일한 가치를 가지는 미래 시점의 금액은 원금에 그 기간만큼의 이자를 더한 값이기 때문에 현재 갖고 있는 금액보다 훨씬 크다. 따라서 현재의 부를 어딘가에 투자하면 아무리 낮은 수익률이라고 하더라도 최소한 무위험 이자율만큼의 이익은 얻을 수 있다. 이 경우 지금 가진 돈과 미래에 갖게 될 돈의 금액은 다르겠지만, 굳이 그 가치를 따지자면 같은 것이다.

결국, 개인이 느끼는 효용가치는 현재와 미래 중 어느 쪽을 선호하느냐에 따라 달라진다고 할 수 있다. 현재의 소비를 줄여 미래에 보상을 받을 것인지, 아니면 현재에 충실하면서 미래는 미래의 나에게 맡길 것인지에 대한 선택인 것이다. 그리고 현명한 사람은 언제나 현재를 희생해 더 큰 미래를 준비했다.

화폐의 시간가치를 어떻게 활용할까 - - - - -

1,000만 원을 투자하면 1년 후 1,100만 원을 돌려받을 수 있는 투자 '안'이 있다고 가정해보자. 현재 이자율이 3%일 때, 이 투자안에 투

자를 하는 것이 옳은 선택일까?

간단히 살펴보면 이 투자는 1년 후 100만 원이 남는 사업이다. 그런데 1,000만 원을 은행에 넣어두기만 해도 30만 원을 얻을 수 있다. 이때 30만 원을 기회비용이라고 한다. 그런데 이 투자에 대한 비용이 30만 원뿐일까?

한 가지 더 고려해야 할 것이 바로 화폐의 시간가치다. 1년 뒤 1,100만 원의 현재가치는 인플레이션을 제외하고 공식에 대입해보면 약 1,068만 원이 나온다. 미래가치에서 투자 원가를 뺀 값을 순현재가치라고 하는데, 이 경우 순현재가치가 0보다 크니(1,068만 원-1,000만 원=68만 원)이니 손해를 보지는 않을 것이다.

위험도 추가적으로 고려되어야 한다. 1년 뒤 1,100만 원을 돌려받을 수 있는지 확신할 수 있을까? 이 부분에 대한 의사결정은 개인이 느끼는 위험 수준과 관련이 있다. 이러한 위험에 대한 관리 능력은 개인의 경험과 실력의 차이에서 따라 달라질 수 있다.

화폐의 시간가치는 증권회사에서 채권 가격을 산정할 때도 활용된다. 만약 만기가 2년 남은 액면 금액 100만 원의 회사채를 갖고 있다고 상정해보자. 매년 8만 원의 이자를 지급받고 있지만, 급하게 돈이 필요해 이 채권을 판다면 얼마를 받을 수 있을까? 이자율은 앞서와 동일하게 3%로 가정해보자.

2년 후 만기가 돌아오기까지 이자를 8만 원씩 두 번 더 받을 수 있고, 액면금액인 100만 원도 돌려받는다. 단순히 계산하면 2년 동안 들어오는 돈이 116만 원이지만, 실제로 이자율 3%를 감안했을 때 다음과 같은 복잡한 수식을 거치면 109만 원밖에 받을 수 없게 된다.

$$현재가치 = 80000/(1+0.03)^1 + 80000 / (1 + 0.03)^2 + $$
$$1000000 / (1 + 0.03)^2$$
$$77670 + 75407 + 942596 = 1095673$$

이처럼 우리가 단순히 생각하는 것과는 다르게, 현실세계의 금융시장에서는 항상 화폐의 시간가치가 활용되고 있다.

12

수익률과 위험의
상관관계

투자와 투기가 어떻게 다른지 묻는 학생들이 많다. 우스갯소리지만, 그런 질문을 받을 때마다 나는 이렇게 대답한다.

"내가 가르쳐준 대로 하면 투자고, 학생들 멋대로 하면 투기다."

나는 투기란 개인이 감당할 수 없는 위험을 부담하고서라도 투자

4부 마이크로 파이프라인: 본격적인 투자를 위한 실전 부자 수업

를 하는 것으로 정의한다. 세계 제일의 투자자 워런 버핏의 스승으로 유명한 벤저민 그레이엄은 "투자와 투기의 차이는 원금을 보존할 수 있으냐 보존할 수 없느냐가 기준이 된다"고 말했다.

단적으로 이야기하자면, 투자는 수비적이어서 안정적인 반면 투기는 공격적이어서 위험을 감수해야 한다. 또한 투자는 수익성이 그리 높지 않지만 원금을 잃을 확률이 낮고, 투기는 수익성이 높지만 원금 손실 확률도 높다. 기간으로 투자와 투기를 구분할 수도 있다. 투자는 대체로 장기간에 걸쳐 이익을 추구하지만 투기는 단기간에 큰 이익을 올리려 한다.

투자는 안전을 사고 투기는 위험을 감수하는 것인지도 모른다. 투자는 위험에 상응하는 적절한 크기의 기대수익을 추구하는 반면 투기는 매우 큰 위험을 감당하는 대신 비정상적으로 큰 이익을 기대한다. 그럼에도 우리는 능력이 출중한 투기꾼이 되고 싶어 한다. 100만 원으로 1,000만 원을 벌 수 있는 노하우가 생기길 바라는 것이다.

사람들은 주식투자나 부동산투자로 크게 성공한 사람들을 부러워한다. 몇십 억짜리 로또에 당첨되는 사람이 매주 몇 명씩 나오는 것처럼, 투자에도 행운이 깃든다면 큰돈을 벌 수 있다. 즉, 확률의 문제다.

한 번의 투자로 몇십 배의 수익을 낸 사람이 있다면, 그것은 그 사람의

실력이나 방법이 남달라서가 아니라 '운'이라고 보는 것이 맞다.

내가 아는 한 투자자는 평생 투자자문사로 일하면서 상당한 성과

를 내왔다. 그의 1년 수익률 목표가 얼마일까? 딱 10%다. 그런데 아마

추어에 불과한 사람들이 이른바 '따상', '떡상'을 바라는 것은 투기라

고 봐야 한다. 투기 기질을 가진 사람은 곧 망할 수밖에 없다.

수익이 크면 위험도 높아진다 - - - - -

투자는 미래에 더 큰 수익을 얻기 위해 현재의 소비를 포기하는 것을

의미한다. 투자자들은 투자를 결정할 때 현재의 소비에 대한 포기와

함께 불확실성에 대한 보상을 기대한다. 이런 이유로 투자 결정은 미

래의 소비보다 현재의 소비에 더 만족감을 느끼는 '시간선호'와 불확

실성을 무릅쓰고라도 높은 수익률을 찾는 '위험선호'의 두 가지 기준

을 따라야 한다.

돈의 세계에는 변치 않는 법칙이 있다. 앞서 언급한 '하이 리스크 하이 리턴'이다. 투자자들은 위험을 추가로 부담하는 대신 더 높은 수익률을 요구하는데, 이것을 위험에 대한 대가 또는 '리스크 프리미엄'이라고 부른다.

은행 정기예금이나 국공채와 같이 위험이 거의 없는 자산은 수익률이 매우 낮은데, 이를 '무위험 이자율'이라고 한다. 반면 주식이나 회사채처럼 불확실성이 큰 위험자산에 투자하면 리스크 프리미엄이 붙어 수익률이 높다. 즉, 리스크 프리미엄은 위험자산에서 기대하는 수익률과 무위험 이자율의 차이와 같다고 할 수 있다. 예를 들어, 무위험 이자율이 연 5%이고 A기업의 주식으로부터 연간 기대할 수 있는 수익률이 15%라고 한다면 이 주식의 연간 리스크 프리미엄은 10%다.

사람마다 위험에 대해 요구하는 수익률이 다르다. 위험에 대한 선호도가 각각 달라서 그렇다. 똑같이 삼성전자 주식을 사도 어떤 투자자는 5%면 충분하다고 생각한다. 원금 손실에 대한 위험이 극단적으로 높은 도박에는 리스크 프리미엄의 개념이 적용되기 어렵다. 그런데도 위험을 즐기는 도박꾼들은 베팅을 한다. 위험에 대한 선호가 아주 높기 때문이다.

이제부터 위험선호에 대한 이야기를 해보자.

투자의 위험성을 대하는 3가지 성격유형 - - - - -

개인은 경제행위를 할 때 자신의 효용을 극대화하는 것을 목표로 한다. 효용은 주관적인 만족도이므로 사람에 따라 각기 다른 행태를 띤다.

경제학에서는 이 효용의 행태를 효용함수로 표현한다. 효용을 U라고 하고, 부유한 정도를 W라고 할 때 '부의 증가에 따른 만족감'은 다음과 같음 함수로 표시할 수 있다.

$$U = U(W)$$

효용함수에서는 부가 증가하면 만족의 정도도 높아진다고 가정한다.

즉, "개인은 누구나 부자가 되기를 원한다"고 표현할 수 있겠다. 효용함수를 미분하면 증가속도를 확인할 수 있다. (여기서는 간단하게 개념만 짚고 넘어가면 되니 다시 수학책을 펼칠 필요는 없다.) 미분한 값이 양수(+)면 만족감이 증가한다는 것이고, 음수(-)면 감소한다는 것이다. 0은 만족감이 그대로 유지된다는 것을 의미한다.

부가 증가하면 만족감이 증가하거나 줄어들거나 그대로거나 중 하나다. 누구든 이 세 가지 경우를 벗어날 수 없다. 이에 따라 위험에 대한 태도도 세 가지로 구분된다.

위험선호형은 양수의 값을 가지는 사람으로, 도박과 같이 위험성이 아주 높은 게임에 쉽게 참여할 뿐 아니라 큰 위험을 감수하고라도 높은 수익을 추구한다. 음수의 경우 위험회피형으로 결과가 불확실한 게임에 참여하지 않고 안전을 추구하는 유형이다. 위험회피형 투자자는 주식보다 정기예금을 선호할 확률이 높다. 부가 많아지는 것이 만족감에 영향을 미치지 않는 위험중립형은 위험선호형과 위험회피형의 중간 정도의 성향으로 보면 될 것이다.

함수니 미분이니 하는 것들은 일단 참고만 하고, 위험선호에 대한 성향만 구분할 수 있으면 된다. 한마디로, 도박을 좋아하는 사람, 한 방에 인생 역전하려는 사람은 위험선호형이고 은행예금에 올인하는 사람은 위험회피형이다.

너무 높은 수익률을 추구하면 재테크를 망친다 - - - - -

투자 의사결정은 기대수익률과 위험에 대한 태도가 적절히 조화를 이 뤄야 한다. 위험을 어느 정도 감수할 것인지에 따라 리스크 프리미엄 이 달라지며, 이는 기대수익률에 영향을 미친다.

기대수익률 = 무위험 수익률(시간에 대한 보상)

+리스크 프리미엄(불확실성에 대한 보상)

고위험·고수익 투자로 돈을 많이 버는 경우는 희박하다. 부자가 되는 절대 조건은 '돈을 잃지 않는 것'이다. 아무리 수익률을 챙기고 절약을 해도 돈을 잃으면 말짱 헛일이다. 차라리 잃은 돈으로 여행이나 하고 맘껏 쓸 걸 하는 후회가 밀려올 것이다.

저축은행 후순위채에 투자했을 때 큰 낭패를 본 경험이 있다. 이자율이 정상적인 수준보다 2배 높았으니 위험한 투자인 것이 뻔했음에도 설마 은행이 망하겠냐는 욕심 때문에 생긴 일이었다. 이런 일을 겪고 보니 예상치 못한 높은 수익률이면 일단 경계하게 된다.

수업시간에 항상 강조하는 것이 있다. 정상 범위를 벗어난 이자율, 예상치 못한 행운을 만나면 내가 그렇게 운이 좋은 사람이었는지 생각해보라는 것이다. 내게 공짜로 돈을 줄 만한 사람은 부모님밖에 없다. 공짜로, 아무 보상도 바라지 않고 주는 것이 바로 '은혜'다. 부모님의 은혜, 하나님의 은혜, 스승님의 은혜라는 말 외에 은혜가 들어가는 것은 없다. 정상적인 투자수익률로도 얼마든지 부자가 될 수 있다는 사실을 잊지 말자.

반드시 기억해야 할 투자의 3원칙 -----

투자의 3원칙은 수익성과 안정성, 유동성이다. 이 세 가지만 갖춘다면, 물론 쉬운 일은 아니지만, 분명 성공할 수 있다. 투자 의사결정을 내릴 때 이 세 가지를 얼마나 충족시킬 수 있는지부터 고민해야 한다.

수익성

투자는 보다 더 큰 미래의 수익을 위해 현재의 소비를 포기하는 것이다. 따라서 투자 대상이 자신이 포기한 것보다 얼마나 많은 수익을 가져다줄 수 있는지를 우선 고려해야 한다.

안정성

투자로 얻게 될 미래의 수익은 불확실하고, 투자 대상에 따라서도 그 불확실성의 정도가 달라진다. 따라서 투자 목표를 달성하기 위해서는 자신이 얼마나 불확실성을 허용할 수 있는지, 혹은 위험이 어느 수준인지를 고려한 뒤 투자 대상을 선정해야 한다.

유동성

유동성은 단기간에 현금화할 수 있는 가능성을 의미한다. 현금화가 빠르다고 좋다는 말이 아니라, 필요한 시기에 적정한 수익률을 올리고 현금으로 바꿀 수 있는지가 중요한 것이다. 증권사들 간에도 그 차이가 있으므로 투자자는 장래 어느 시점에 얼마나 유동성이 필요할지 고려해서 투자를 결정해야 한다.

현명한 투자를 위한 3단계 플랜

개인투자자들은 대부분 투자를 시작한 후 별다른 행위를 하지 않는다. 투자에서 후회하지 않으려면 투자 계획(plan), 투자 실행(do), 투자 평가(see)라는 3단계의 사이클을 반드시 이해하고 작은 규모라도 이를 실천하는 습관을 들여야 한다.

1단계: 투자 계획

제약 조건들과 함께 목표수익률, '허용 위험 수준'을 고려해 투자 목표를 설정한 후 자본과 자산을 배분한다. 자본배분은 투자자금을 무위험자산과 위험자산에 각각 어떤 비중으로 투자할지 결정하는 것이고, 자산배분은 위험자산 투자금액 중에서 주식, 채권, 파생증권 등의 비중을 결정하는 것이다.

목표수익률을 정할 때는 항상 '허용 위험 수준'을 함께 고려해야 한다. 아무리 기대수익률이 높아도 허용할 수 있는 위험 수준을 초과하는 투자는 투기라는 사실을 다시 한 번 강조한다.

2단계: 투자 실행

투자 종목을 선정하고 투자 시점을 결정한다. 투자 종목은 증권 분석을 통해 개별 종목을 선정하고 이를 이용해 분산투자를 하도록 한다.

3단계: 투자 평가

투자 성과를 평가할 때는 단순히 평가로 끝내지 말고 이후 포트폴리오를 수정하는 과정을 반드시 거치도록 한다.

13

돈의 함정에
빠지지 않는 법

앞서 복리의 활용과 절약 그리고 파이프라인을 활용한 위험 없이 부자가 되는 법을 설명했다. 여기에 적극적인 투자를 통해 부자가 되려고 한다면 최소한 경기순환 이론과 함께 투자 대상에 대한 이해가 필요하다.

깊이 파고든다면 최소한 6개월 정도의 시간이 필요하고, 관련 도서를 통해 투자의 감각도 익혀야 한다. 물론 주식이든 부동산이든 공부를 해서 부자가 된다면 유치원 때부터 투자 공부를 시켜야 하겠지만, 실전과 이론은 분명 차이가 있음을 모두들 경험을 통해 알고 있을 것이다.

어려움에 직면했을 때 열 번 이상 읽으며 많은 도움을 받았던 책이 있다. 롤프 도벨리의 《불행 피하기 기술》이다. 롤프 도벨리는 내가 행복하기 위해서는 나를 불행하게 하는 요소를 제거해야 한다고 말한다. 그런 차원에서 투자에 실패할 수 있는 요소들을 확인하고 이를 제거할 수 있다면 저절로 성공적인 투자로 연결되지 않을까 생각한다.

승부의 세계에는 트릭이 존재한다 -----

원숭이 한 무리와 전문투자자 집단 중 어느 쪽이 투자수익률이 높을까? 한 실험에서 원숭이 무리는 다트를 던져 맞힌 펀드에 투자하고, 전문투자자들은 심혈을 기울여 고른 펀드에 투자했다. 당연히 전문가들이 투자한 펀드가 실적이 좋을 것 같지만, 결과는 원숭이 무리의 펀드 수익률이 더 높은 것으로 나타났다.

이 실험은 주가는 예측 불가능하다고 주장하는 '랜덤워크 이론'을 뒷받침하는 매우 유명한 사례다. 금융공학 차원에서 투자의 이론을 살펴보면 거시적으로는 경기의 저점에서 회복에 이르는 경기순환, 하이 리스크 하이 리턴과 자산 포트폴리오로 귀결된다고 할 수 있다.

〈타짜〉라는 영화를 본 적이 있을 것이다. 손기술을 이용해 화투 패를 바꿔 이익을 취하는 사기꾼(속칭 타짜)과 함께 도박을 한다면 일반인들은 100전 100패일 것이다. 승부의 세계는 트릭의 전쟁이다. 예를 들어, 축구선수가 드리블을 할 때 수비를 속이기 위해 왼쪽으로 볼을 차려고 하는 척하면서 오른쪽으로 볼을 차고 나간다. 야구도 마찬가지다. 투수는 타자를 속이기 위해 공을 던지기 직전까지 글러브에 공을 감추고 직구를 던질지 슬라이더를 던질지 고민한다. 이걸 사기라고 할 수 있을까? 이러한 트릭을 자유자재로 사용하기 위해 하루 종일 땀 흘리는 선수들이 사기꾼일까?

우리는 트릭이 존재하는 승부의 세계에 살고 있다. 사회에서 이런 트릭을 매일 경험하고 있지 않은가? 대표적인 투자 대상인 주식시장에도 분명 '타짜'가 존재한다. 다른 말로 하면 '작전세력'이다. 두 눈으로 확인한 적은 없지만, 합리적 의심은 충분히 가능하다. 이들의 존재가 없다면 분명 주식시장은 지금보다 예측 가능하고 합리적으로 변할 것이다. 그러면, 많은 공부가 우선되어야 하겠지만, 더 많은 사람들이 주식시장에서 더 큰 부를 창출할 수 있을 것이다.

최근에는 투자심리에 대한 논의들이 유행하고 있다. 다른 사람은 망하는데 혼자 살아남는(망하지 않는) 기쁨과 주가가 폭락하고 있는데 현금만 보유하고 있을 때의 기쁨이 내 주식이 오르고 다른 사람의 주식이 움직이지 않을 때보다 10배나 더 기쁘다고 한다. 오죽하면 이런 비유까지 나오겠는가. "승자에 관대하고 패자에 가혹하며 레버리지는 페르세우스의 손에 들린 메두사의 머리처럼 그것을 활용할 능력이 있는 자에게만 허용되는 특별한 신탁이다."

다음은 주식시장에서 흔히 볼 수 있는 몇 가지 트릭이다.

분식회계

분식회계는 은행에서 자금을 차입하거나 회사의 주가를 관리하기 위해 제품을 팔지도 않은 상태에서 매출을 계상해 자산의 가치를 과대

평가하고 제품이나 서비스를 생산하는 데 드는 비용이나 차입한 자금인 부채를 과소 계상하는 등의 방법으로 재무제표를 작성하는 것이다.

문제의 심각성은 분식회계가 일부 기업들에게만 한정되는 것이 아니라 건전한 경영활동을 하고 있는 기업에게도 일상적인 관행처럼 되어버린 데 있다. 외국뿐 아니라 우리나라에서도 크든 작든 분식회계는 공공연히 이루어지고 있다. 거래소의 주식마저도 이러한 분식을 스스럼없이 자행해 많은 투자자들을 농락한 사례들이 적지 않게 발생하고 있다.

일정한 기준에 의해 작성되었다고 할지라도 기업의 회계 자료는 임의 조작 가능성이 상존한다. 이렇게 임의로 조작된 회계 자료는 대단히 위험하다. 기업을 제대로 판단할 수 없는 상황에서 기업에 직접 대출을 해준 금융기관이나 투자자들뿐만 아니라 국민 모두에게 직간접적으로 피해를 미친다는 점에서 시급히 해결되어야 하는 문제다.

정보 불균형

주식시장에는 개인투자자, 증권회사의 펀드매니저, 기관투자자, 외국인이 있다. 이들 중 누가 가장 정보력에 취약할까? 인정할 것은 인정해야 한다. 개인투자자들의 정보력이 가장 취약하다. 개인투자자의 장점은 딱 한 가지다. 투자 규모가 작아서 유연성이 있다는 것이다.

우리가 주식시장에서 직접투자를 한다는 것은 모든 주식시장의 참가자가 똑같은 조건으로 경쟁한다는 가정에 기반한다. 반면 플레이어들은 덜 똑똑하고 투자를 못하는 다수가 있기 때문에 투자한다.

주식시장에서 하면 안 되는 것이 있다. 내부자거래다. 내부자들은 회사를 잘 알기 때문에 쉽게 정보를 얻을 수 있다. 이런 정보를 이용해 주식투자를 하면 법에 의해 제제를 받는다. 그러나 회사 사정을 잘 아는 사장의 아들, 친인척들 사이에서 불공정거래가 공공연히 일어난다. 개인투자자들은 이런 정보에 한발 늦을 수밖에 없고, 이미 내가 알게 될 때는 전 국민의 반은 아는 정보일 가능성도 있다.

이러한 불균형 하에서 게임을 한다는 것은 매우 불공정하다. 이러한 불공정을 무릅쓰고 직접투자를 한다는 것은 큰 용기일지도 모른다. 박수를 보낼만한 일이지만, 절대로 바람직한 재테크는 아니라고 말해주고 싶다. '일찍 일어나는 새가 벌레를 잡는다'는 말이 있다. 이러한 불균형 상황에서는 '일찍 일어나는 벌레가 먼저 잡혀 먹는다'가 맞을 것이다.

주가 조작

구글에서 '주가 조작'을 키워드로 검색하면 약 663만여 건의 결과가
나온다. 중복된 사건도 있겠지만, 주가 조작은 우리 주변에 흔히 발생
하는 사건임에는 틀림없다.

주가 조작이 가능한 시장에서 자금력 없고 선량한 개인이 수익을
창출하기는 쉽지 않다. 타짜가 존재하는 상황에서 타짜가 아니라면
누가 도박판에서 돈을 벌겠는가? 그러므로 정보니 작전이니 하면서
불나방처럼 불꽃에 달려들어 처참히 죽어가는 바보 같은 투자자가 되
지 말아야 한다.

매점매석

돈 많은 사람은 돈 버는 시장에서 이기기 쉽다. 돈 많은 사람은 인내
력이 강하다. 결코 서두르는 법이 없다. 하지만 돈이 없는 사람은 당장
생활비가 급해서 끈기 있게 투자하기가 쉽지 않다.

매점매석은 가장 오래된 투기의 하나로, 과거 돈 많은 사람들이 돈
을 벌기 위해 가장 많이 사용한 방법이다. 독점을 목적으로 물자, 즉
상품을 대량으로 사들였다가 그 물자가 부족해 가격이 올랐을 때 매

각해 폭리를 취한다. 정부에서는 물가 안정 및 공정거래에 관한 법률로써 이러한 폭리를 목적으로 물품을 매점하거나 판매를 기피하는 행위를 규제하고 있다.

주식시장에서도 매점매석이 가능하다. 자금력이 있는 투자자가 저평가된 주식을 계속 매수한다면 주가는 오를 것이고, 어느 순간 시세차익을 얻을 수 있지 않을까? 이런 시장에서 개인투자자가 돈을 번다는 것은 쉬운 일이 아니다. 이들이 주식을 매수할 때 눈치를 채고 같이 매수하고 이들이 팔 때 같이 팔면 그들만큼의 수익을 얻을 수 있겠지만 그 시점을 안다는 것은 불가능에 가깝다. 확신할 수 없는 일이기 때문이다.

50%의 승률을 얻는 방법 - - - - -

게임 이론이란 경쟁 주체가 상대편의 대처행동을 고려하면서 자기의 이익을 효과적으로 달성하기 위해 수단을 합리적으로 선택하는 행동을 수학적으로 분석하는 이론이다. 게임 이론에서 상대방이 이기기

4부 마이크로 파이프라인: 본격적인 투자를 위한 실전 부자 수업

어려운 상대일 때도 50%의 승률을 갖는 게임 전략이 있다. 바로 '혼합 전략'이다. 혼합 전략을 사용하면 상대방이 아무리 강해도 50% 정도의 승률을 갖는다.

혼합 전략은 상대의 공격과 무관하게 나의 기준에 따라 공격하는 것을 말한다. 예를 들어, 주식투자를 할 때 내일 오를지 내릴지를 놓고 시장을 분석하는 것이 아니라 주사위를 던져서 홀수가 나오면 매수하고 짝수가 나오면 매도하는 전략을 취하면 성공할 확률은 50%다. 그래서 원숭이들과 펀드매니저들이 승률 게임을 하면 원숭이들이 이길 수 있는 것이다.

투자자를 흔드는 심리적 요인들 -----

"이성을 상대로 줄기차게 투쟁해온 감정은 결코 이성에 굴복하지 않았고, 앞으로도 그럴 것이다." 사회심리학자 귀스타프 르 봉의 말은 투자에도 그대로 적용된다. 투자는 인간이 한다. 그래서 인간의 심리가 매우 중요하다.

심리학 중에서도 행동주의 심리학은 인간의 본성이 학습에 의해 형성된다고 주장하는 반면, 진화 심리학은 인간에게 타고난 본성이 있으며 이 본성은 자연선택과 환경적응의 산물이라고 본다.

어쨌든 인간은 감정적이다. 가장 합리적으로 판단해야 할 투자에서도 그렇다. 음식이 개의 동기를 자극한다면 돈은 인간의 동기를 자극한다. 또한 우리의 뇌는 투자가 아니라 생존에 최적화되어 있다. 그래서 손실을 회피하는 경향이 있어 장기투자는 심리적으로, 그리고 본능적으로 매우 어려운 접근법이라고 한다.

다음 그림은 주식투자에서 손실이 났을 때와 이익이 났을 때의 심리적 현상을 도식화한 것이다. 손실이 나면 불안, 두려움, 공포를 느끼고 수익이 나면 희망, 욕심, 탐욕 등의 감정을 느끼게 된다. 어느 쪽이든 과하면 판단력이 흐려지고 투자에 실패하기 쉽다.

감정이 없는 사이코패스가 아니고서야 누구도 이 굴레를 벗어나긴 힘들다. 하지만 이러한 현상이 일어난다는 사실을 아는 것 자체로도 극도로 편향된 감정에서 벗어나는 데 도움이 되리라 본다. 실제로 미국에서 연구된 사례인데, 가장 합리적이고 이성적이라 할 수 있는 판

주식투자 손익에 따른 심리 변화

	손실	수익
감정	공포　두려움　불안	희망　욕심　탐욕
원인	진화적 적응, 불확정성, 무지	부족함을 채우려는 본능
표출 형태	망설임, 혼란, 의심, 분노, 복수심, 후회, 절망	조급함, 성급함, 흥분, 자기과신
	합리화, 정당화, 변명	
결과	객관적 분석 및 판단 능력 상실, 수익 기회의 상실, 과도한 리스크 부담	
극복	시장의 실체에 관한 이해	마음을 비우는 거래
	모든 거래의 책임은 신에게 있음을 인정	

(출처: 하이투자증권 자료)

사의 가석방 승인률이 식사량에 비례했다고 한다. 확실히 사람은 배가 부르면 위험을 회피하려 하고, 배가 고프면 위험을 추구하는 경향이 있다.

일반적으로 투자자들은 이익이 발생하는 구간에서 위험회피 성향을 보이며 악재에 민감하게 반응하지만 손실 구간에서는 위험선호 현상을 보이며 악재에 둔감하게 반응하는 경향이 있다. 이러한 경향 때문에 많은 투자자들이 수익은 작게 실현하고 손실을 크게 키우는 현상인 '기분 효과(disposition effect)'를 경험하게 된다.

기분 효과란 후회를 두려워하고 만족감을 추구하려는 심리 때문에 잘못된 선택을 하는 경우를 말한다. '공돈 효과(house-money effect, 이익을 보고 나면 위험을 보다 많이 부담하려 하는 것)', '위험회피(snake-bite, 손실을 경험한 이후에는 다음 게임을 거부하는 것)', '본전 찾기 효과(trying-to-break-even effect, 손실 이후에 배판(double-or-nothing) 내기의 게임의 위험을 감수하는 것)' 등이 대표적이다.

자기를 믿는 것만큼 위험한 것은 없다 -----

토머스 길로비치 코넬대학교 교수는 학생들에게 그해 그래미 최우수 남자 가수상을 받은 가수의 얼굴을 프린트한 티셔츠를 입고 회의에 참석하게 한 후 학생의 옷에 어떤 그림이 있었는지 회의 참석자들에게 물어보는 실험을 진행했다. 실험 결과, 회의 참석자 중 20%만이 티셔츠의 주인공을 알아차렸다.

흥미로운 점은, 티셔츠를 입은 사람의 반 이상이 참가자들이 이 티셔츠를 입은 자신을 한심하게 볼 것이라는 생각에 매우 부끄러워했다는 것이다. 실제로 대부분의 학생들은 이 티셔츠를 입고 있는 것 자체를 창피해하며 실험을 거절했다.

이런 실험도 있다. 노래 제목을 맞추는 실험이었는데, 박수로만 음을 알려줄 수 있었다. 문제 출제자는 50% 이상 맞출 수 있다고 예상했는데, 실제로 정답을 맞힌 인원은 10% 정도였다. 본인은 노래를 머릿속으로 부르면서 박수를 치지만, 듣는 사람들은 박자만 듣고 있으니 무슨 노래인지 알 길이 없는 것이다.

이처럼 사람들은 대부분 자신의 생각을 대충 이야기해도 상대방이 모두 이해할 것이라고 생각한다. 대부분은 경청하지 않고, 관심도 두지 않는다.

인간은 자기중심적인 경향이 있다. 본인은 아니라고 해도 나르시시즘이 분명 존재하고, 자신을 과대평가하기 마련이다. 인간은 원래 낙천적이기 때문이다. 지하 감옥에 20년을 갇혀 있어도 한 줄기 빛만 있다면 희망을 잃지 않는 것이 사람이다. 그러니 다른 사람은 몰라도 나만큼은 위험한 일에 빠지지 않는다고 생각한다. 위험을 과소평가하고 자신의 통제력을 과대평가하게 되는 것이다.

이러한 현상은 학력이 높을수록, 전문직에 종사할수록 많이 발생한다. 정보가 많을수록 정확도가 높아진다는 믿음과 운 좋게 성공한 과거의 경험을 과신해 큰 실수를 하는 경우를 주변에서 많이 보게 된다.

예를 들어보자. 의사는 우리나라에서 많은 사람들의 존경을 받는 직업 중 하나다. 의사가 되기 위해서는 의사 면허를 취득해야 하는데, 상당 시간 전문성을 갖추기 위해 교육을 받아야 하고 경험도 쌓아야 한다. 이런 힘든 과정을 거친 의사들은 책 몇 권만 읽으면 본인이 훌륭한 투자자가 될 수 있다고 착각하기 쉽다. 당연히 큰 손해를 보는 경우가 많다. 최악의 경우 투자에 실패해 본전 찾는 것이 인생의 목표가 되어버리기도 한다. 의사는 아픈 사람을 치료하는 데 전문가지 주식시장에서 돈을 버는 데 전문가는 아니다.

우리를 착각에 빠지게 하는 것들 - - - - -

주식투자에 있어서 우리 주변에는 참으로 많은 고수들이 있다. 그중 제일 위험한 고수들은 종목을 여러 사람에게 가르쳐주는 고수들이다. 그렇게 좋은 종목은 혼자 조용히 투자하고 적절할 때 팔고 나오면 될 일인데 왜 여러 사람에게 이런 좋은 정보를 주는 것일까?

방송에 나오는 주식 고수들, 책에 나온 주식 고수들은 대부분 '수급(수요와 공급)'을 이용해 주식투자를 하는 사람들이다. 주식을 매입해 놓고 정보를 흘리면 개인투자자들이 우르르 몰려들어 잠깐 오르게 된다. 매수한 세력들은 그때 빠져나가면서 돈을 번다.

내 경우 상상을 초월하는 고위층, 전문직, CEO로부터 주식 정보를 받은 적이 아주 많다. 제공받은 정보를 바탕으로 해당 주식 종목을 지켜보면 대부분 잠깐 오르다가 곧 몇 분의 몇 토막이 되어 추락해버리는 것을 많이 봤다.

대부분의 실패한 주식투자는 '정보투자'다. 작전세력들의 밥이 되어 '정보투자'의 매개 또는 홍보 수단 노릇을 하는 엘리트들도 종종 있다. 작전세력들이 슬슬 정보를 넘겨주면 영향력 있는 이 사람을 통해 부모, 형제, 처가 식구들, 친구들, 그 친구들의 부모 형제, 다시 그들의 친구들로 정보가 넘어간다. 아는 사람이 또는 아는 사람의 아는 사람이 누구인데 이렇게 말했다고 하니 대부분은 믿는 것이다. 이렇게 조작된 정보가 수많은 사람들에게 넘어가는 경우 주변의 모든 사람들이 작전세력의 희생양이 된다.

재야의 진정한 고수들은 절대로 종목을 가르쳐주지 않는다. 대통령이 정보를 준다고 해도 믿어서는 안 된다. 대통령도 5년 뒤면 민간인이다. 어떤 종목에 대한 정보가 내게 전해진다면, 그 종목은 이미 나를 삼킬 준비가 된 종목이라는 것을 의심하라. 누가 뭐라고 하든 정보투자는 관심을 끄도록 하자.

정보투자뿐 아니라 주식투자는 그 자체로 누가 어떤 주식을 많이 사려고 몰릴까를 따지는 심리 게임이다. 따라서 감정이나 소문에 휘둘리지 않고 냉철하게 의사결정을 할 수 있는 사람만이 살아남을 수 있다. 그럴 자신이 없다면 애초부터 주식투자와 같은 직접투자는 시작도 하지 않는 게 나을지도 모른다.

14

주식시장의
조종자들

개인투자자들의 주식투자 방법은 크게 단타매매(초단타매매), 정보를 기반으로 하는 정보투자, 저평가된 주식을 매수하여 장기적으로 투자하는 가치투자 및 배당투자로 나눌 수 있다. 최근에는 단타매매의 비중이 매우 높은 것으로 나타났는데, 단타매매는 빠르면 몇 분, 늦어도 2~3일 내에 주식을 사고파는 주식 매매 기법이다.

후배 중에 전업투자자가 있다. 그는 다니던 회사를 그만두고 1억 원을 종잣돈으로 주식에 인생을 걸었다. 1년 동안 죽을 고생을 하고 거래를 했지만 남은 돈은 절반도 되지 않았다. 그러던 중 증권사 지점장이 그에게 저녁을 사겠다고 전화를 했다고 한다. 시골 작은 마을을 담당하고 있던 그는 거래 수수료로 수익을 많이 냈고 덕분에 승진을 했는데, 일등공신인 그 후배에게 식사 제안을 한 것이었다.

시골의사 박경철 원장은 거래는 살 때 한 번, 팔 때 한 번 딱 두 번 해야 한다고 강조한다. 그 횟수가 많아지면 결국 거래비용으로 다 날리게 된다는 거다. 주식투자로 인한 이러한 수수료는 억대 연봉의 증권사 직원들에게 돌아간다는 사실을 잊어서는 안 된다.

싼 것을 사서 제값을 받는다 - - - - -

주가는 실적에 선행한다. 따라서 매출과 이익이 꾸준히 증가(성장성)한다는 믿음만 보인다면 당장의 기업 수준보다 훨씬 높은 주가가 형성된다.

만약 상장폐지라도 당하게 되면 큰 손해를 보기 때문에 합리적 투자자들은 안정적인 회사를 선호한다. 하지만 현재 시장에서는 합리적 투자자보다는 유행을 좇는 투자자들이 많고, 기업 또한 분식회계 등 신뢰성 있는 재무 지표를 내놓지 못하고 있다. 개인투자자들은 정보력에 한계가 있고 경제 전문가도 아니기 때문에 차트 등 기술적인 지표만을 가지고 투자도 투기도 아닌 '도박' 수준의 거래를 하는 것이 현실이다.

모든 투자의 원칙은 쌀 때 사서 비쌀 때 파는 것이다. 그리고 주가는 본질적으로는 현물이다. 싼 주식을 매수하라는 이야기가 아니다. 모든 주가는 그 회사의 본질가치에 비해 저평가될 때와 고평가될 때가 주기적으로 찾아온다. 그 타이밍을 잘 판단하면 주식의 고수가 될 수 있다.

주가가 형성되는 여러 요인 중 가장 중요한 것은 '수급'이다. 사려는 사람이 많으면 주가가 상승하고, 팔려는 사람이 많으면 주가가 하락한다. 주가 형성에는 경기동향, 개별 기업의 수익성 및 전망 등 일정한 규칙이 분명 존재하지만, 핵심은 '수급'인 것이다.

수급은 투자 대상의 인기가 얼마나 좋은지 나타내는 지표로 볼 수 있는데, 인기가 높으면 거래량이 많은 것이 특징이다. 물론 거래량이 많다고 해서 모두 좋은 회사는 아니다. 주식시장에도 유행이 존재하고, 유행이 지나면 급등한 만큼 급락하는 주식들도 허다하다.

합리적 투자자의 의사결정에는 회사의 전망뿐만 아니라 수익 창출 가능성에 대한 믿음, 그리고 그 회사가 소속된 산업의 전망이 포함되어야 한다. 모든 산업이 경기에 영향을 받지 않을 수 없기 때문에 경기에 대해서도 민감하게 반응해야 한다.

증권사에서 제일 권하지 않는 투자 방법이지만 주식의 황제 워런 버핏, 소로스 같은 전문가는 강력하게 추천하는 투자 방법이 바로 '가치투자'다. 오랜 경험에 의하면, 개인투자자가 주식시장에서 확실하게 돈을 버는 방법은 가치투자밖에 없다.

가치투자란 저평가된 주식을 찾아 그 주식이 제대로 된 평가를 받을 때까지 기다리는 것이다. 하지만 주가가 수급에 의해 그 가격이 형성되는 현실을 감안해야 한다. 기술적 분석에 의해 월봉상 추세가 우상향으로 방향을 잡은 주식들 중에서 저평가된 주식을 투자하는 것이 원칙이다. 대부분의 가치주들은 수급이 좋지 않아 소외되고, 거래량도 많지 않다. 이렇게 몇 년을 바닥을 기고 있는 주식들이 많아 잘못 투자했다가는 큰돈이 묶일 수 있다.

이런 경우, 배당투자를 곁들이면 크게 고민할 일은 없을 것이다. 대부분의 가치주들은 배당을 많이 준다. 그 배당이 시장 이자율을 상회하는 경우도 있다. 배당이 있다면 느긋하게 투자를 계속하기 쉽다. 배당을 전혀 주지 않는 것이 기업가치를 높일 수 있다는 무배당주의자도 있지만, 배당할인모형(배당액을 현재가치로 할인해서 기업의 가치를 구하는 것)에 의하면 배당 성향이 높을수록 기업가치도 증가한다. 현대의 기업 대부분은 투자 결정에 소요되는 자금을 우선적으로 지급하고 자금이 남으면 배당을 하고 있다. 여기서 남은 이익금은 회사에 유보시켜 유보율을 높게 가져간다.

현재 이루어지는 일반적인 배당투자는 12월 27일 하루만 보유해도 배당금을 모두 받을 수 있어 배당을 많이 주는 기업들은 12월 27일이 되기 전 상당한 시가 상승을 동반한다. 그러므로 배당투자는 시가 상승 이전에 매수가 되어 있어야 하며, 12월 27일 현재 보유하고 있어야 한다. 대부분의 경우, 배당투자를 목적으로 큰손들이 매수하는 경우에는 (이들이 손해 보지 않는다는 가정 하에) 이들이 움직일 때 같이 움직이면 적절한 시세차익도 챙길 수 있다.

기업의 적정 주가는 얼마인가 - - - - -

주식이 저평가되었는지 고평가되었는지 판단하기 위해서는 '펀더멘털(fundamental)'에 대한 이해가 필요하다. 펀더멘털은 매출, 영업이익, 순이익의 상황과 부채비율, 유보율을 통해 판단할 수 있다. 기업의 성장성도 주가를 형성하는 주요한 요소이기는 하지만 일반인이 판단하기에는 무리가 있기 때문에 분기보고서와 사업보고서를 통해 확인할 수 있는 숫자로 기업가치의 변화를 예의주시하는 것이다.

　참고로 주가수익비율(Price Earnings Ratio, PER)이 낮을수록 저평가된 것으로 보는데, 업종마다 평균이 있어서 경쟁 기업보다 낮으면 저평가된 것으로 보고 반대의 경우 고평가된 것으로 본다.

시장 전체 또는 동종 업종에 속한 종목들의 평균 PER을 통해 적정 주가를 산출할 수도 있다. 해당 기업의 주당순이익에 평균 PER을 곱하면 되는데, A라는 기업의 주당순이익이 3,000원이고 이 기업이 속한 업종의 평균 PER이 10일 경우 적정 주가는 3만 원으로 산출할 수 있다.

비슷한 지표로 주가순자산비율(Price Book value Ratio, PBR)이 있다. 분모는 장부가치를, 분자는 시장가치를 사용하기 때문에 시장가 대비장부가비율(Book to Market Ratio)이라고도 한다. 한 주당 순자산이 주가(기업가치)를 몇 배 창출했느냐를 나타내기 때문에 이 비율이 높다면 성장 가능성 역시 높다는 것을 의미하기도 하지만 고평가된 것으로 보기도 한다. 다른 조건들이 동일한 경우 이 비율이 낮은 기업은 주식시장에서 저평가되어 있다고도 볼 수 있다.

합리적인 투자자라면 저평가된 주식을 매수하는 것이 옳다. 그리고 오랜 기간 주식투자를 해온 경험으로 볼 때, 어떤 회사든 그 가치는 결국 드러나게 되어 있다. 그러니 언젠가는 진실이 밝혀진다는 믿음과 신뢰를 가지고 투자하는 습관을 가지는 것이 좋다. 이것이 투자의 비법이라고 믿는다.

　우리가 주식투자를 시작할 수 있는 시점은 경기분석과 산업분석, 기업분석이 이루어진 상태에서 장기적인 포석까지 갖추어졌을 때다. 주가의 변화는 개별 기업의 상황, 개별 기업이 속한 산업의 상황, 우리나라 상황, 글로벌 경제의 상황에 따라 결정된다. 전체 주가지수가 폭락하고 있는데 내가 투자한 회사만 폭등하리라 기대하는 것은 정상적이지 않다는 말이다.

차트를 읽는 기본적인 철학 - - - - -

기술적 분석이란 주가의 과거 움직임이나 거래량 변화를 분석해 미래의 주가를 예측하는 방법으로, 주가와 거래량의 기간에 따른 통계분석을 의미한다. 기술적 분석에서 중요한 것은 주가와 거래량의 추이를 아는 것으로, 주로 이동평균선을 이용한다.

　대부분의 기술적 분석은 기술적 분석가 혹은 차티스트들이 과거의 주가 움직임을 주로 차트를 통해 분석하여 일정한 추세(trend)나 패턴

(pattern)을 발견하고, 이를 근거로 미래의 주가를 예측한다.

우리나라 주식투자자들 대부분이 기술적 분석을 주로 하는 투자자들이다. 하지만 기술적 분석 방법은 너무도 많고 해석의 방법도 다양하다. 심지어는 유행도 있어 과거의 경험만으로 새로운 시장과 종목에 대응하기는 매우 어렵다. 그렇기 때문에 기술적 분석에는 철학이 필요하다.

변덕스런 주가에도 기본 방향은 있다 - - - - -

기술적 분석을 시작하기에 앞서, 모든 차트의 기본이 되는 모형을 인지하는 것이 중요하다. 표준 차트의 모양(①)을 벗어나면 이상한 것이고, 결국에는 표준으로 돌아온다.

자본주의 사회는 항상 인플레이션이 존재하기 때문에 장기 파동으로 본다면 우상향이 합리적이다. 역사적으로 월봉상 주식시장은 대부분 ②와 같다. 기울기는 물가상승률이 합리적일 것이다.

① 주가 변동의 기본 모형

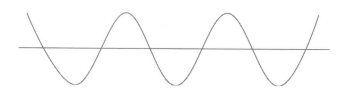

② 인플레이션을 반영한 주가 변동의 기본 모형

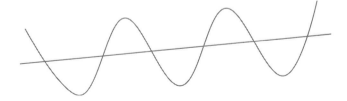

인간은 기본적인 심리는 공포와 탐욕이다. 탐욕에 의해 고점에서 매수하며, 공포에 의해 저점에서 매도하게 된다. 이런 공포와 탐욕을 잘 극복할 수 있다면 기술적 분석이 의미가 있을 것이다.

공포와 탐욕으로 움직이는 차트

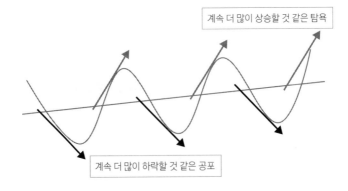

계속 더 많이 상승할 것 같은 탐욕

계속 더 많이 하락할 것 같은 공포

기술적 분석은 기본 가정이든 결과론적인 차트들의 패턴이든 이동평균선을 중심으로 회귀하려는 특징을 보인다. 항상 겨울일 것 같아도 봄이 오고 뜨거운 여름 뙤약볕에 세상이 불타버릴 것 같아도 어느새 시원한 가을이 찾아오는 것처럼, 이동평균선을 중심으로 회귀하는 특징은 자연의 법칙을 연상케 한다. 차트는 인간이 만들어낸 것이고, 인간은 자연의 일부다. 결국 인간은 자연을 벗어나지 못하는 것 같다.

주가는 종합주가든 개별 종목이든 어디까지 올라갈지 알 수 없기 때문에 저점에서 매수하는 것이 합리적이고, 고점에서는 더 올라갈 것 같아도 매도를 하는 것이 옳다. 이것만 지키면 절대로 주식에서 실패하지 않는다. 비정상적인 주가 흐름은 도박의 차원이다. 자연스럽지 않은 패턴을 따라가다 보면 자연의 재앙을 맞게 된다. 인간은 자연의 섭리를 벗어날 수 없다.

이러한 개념은 공자가 말한 중용의 철학과도 일맥상통한다. 중용은 결국 중간으로 회귀한다는 것이다. 인문학 강좌에서 언젠가 들었던 공자와 노자의 대화가 생각난다. 공자는 중용을 강조했기 때문에 항상 튀지 말고, 남들이 서 있을 때 서 있고, 앉아 있을 때 같이 앉아 있는 것을 최고로 생각했다. 노자는 공자를 만나 이렇게 이야기했다고 한다. "그 중간은 어디인가?"

　중간. 사실 주식투자를 할 때 무시할 수 없는 부분이 '추세'다. 주가가 올라가는 상황이라면 몇 년이고 올라가기도 하고, 내려가는 추세라면 몇 년이고 떨어지기도 하기 때문에 '항상' 중간에 수렴한다고 볼 수는 없다. 결론적으로 기술적 분석을 할 때는 공자의 중간과 함께 노자의 추세도 함께 고려해야 한다는 것이다.

5부

부자의 철학:
어떤 부자가
될 것인가

MICRO PIPELINE

자아실현을 위해 돈을 버는 게 아니라 돈을 버는 게 곧 자아실현인 것처럼 되어버린 주객전도 현상은 우리 사회의 큰 병폐다. 최근의 사회 현상 중 특히 두드러지는 것이 취업 위주의 대학교육, 그리고 돈만 많이 벌면 곧 성공이라는 획일적인 사고의 확산이다. 모두가 끊임없이 돈을 벌라고 부추긴다. 그렇지 않아도 경쟁이 치열한 세상에서 모든 가치를 돈 하나로만 몰아가니 불행이 만연할 수밖에 없다.

15

행복을 느끼는 방식은
사람마다 다르다

학기 첫 수업에서 학생들에게 항상 하는 말이 있다.

"모든 사람은 똑같지 않다."

에니어그램(Enneagram)에 따르면 사람은 아홉 가지 유형으로 나
뉜다. 애니어그램은 기원전 2500년부터 수천 년 동안 기독교, 불교,

이슬람교(수피즘), 유대교(카발라)에서 사용되고 발전되어오다가 1950년대 집단 무의식 연구로 유명한 스위스의 심리학자 칼 융에 의해 과학적으로 검증되어 발전한 이론으로, 인간의 성격 유형과 이들 간의 관계를 제시하는 기법이다.

에니어그램에서 부의 가치를 가장 크게 생각하는 유형은 '성공주의자'다. 실제로 강의실에서 설문을 해보면 성공주의자 유형은 열 명 중 한 명도 채 되지 않는다. 90%는 성공에 대해 크게 신경 쓰지 않고, 돈 버는 데 적합하지 않는 유형이라는 이야기가 된다.

재테크나 부자에 대한 이야기를 할 때는 항상 이렇게 다양한 사람들의 다양한 생각을 배려해야 한다. 모든 사람이 모두 돈을 벌려고 하면 세상은 험악해진다. 모든 사람이 대학을 가려 하니 대학 가는 것이 힘들어졌다. 누군가는 농사를 짓고, 누군가는 공장에서 일하고, 누군가는 철학을 할 수 있어야 한다. 사람에 따라 스님이 되고, 선교사가 되고, 가수가 되고, 화가가 되기도 하지만 아무것도 안 하고 놀 수도 있어야 한다.

많은 사람들이 다양한 삶을 누린다면 세상의 경쟁이 조금 덜해질 것이다. 조물주는 그래서 행복의 기준을 다양하게 만들어놓은 것이 아닐까?

부탄의 국토는 한반도의 5분의 1 정도로 인구는 약 70만 명, 1인당 국민소득은 3,000달러에도 미치지 못한다. 하지만 국민의 97%가 행복한 나라로 소개되면서 세간의 주목을 받았고, 급기야는 해외 언론에서 부탄 정부의 고위 간부를 인터뷰하기도 했는데, 결론을 요약하면 다음과 같다.

"행복이란 '집이나 자동차, 전자제품을 얼마나 가지고 있느냐'가 아니다. '지금 가지고 있는 것으로 얼마나 만족할 수 있느냐'가 행복의 열쇠다."

자본주의 사회에서 행복을 이야기할 때 소득을 무시할 수는 없을 것이다. 최근 부탄에도 큰 변화가 일고 있는데, 시장경제가 본격적으로 도입되면서 주택 건설이 활성화되고 물가가 급등하고 있으며, 기존의 대가족 제도가 핵가족화하는 등 여러 가지 고민과 사회적 갈등이 발생하고 있다. 2017년 유엔의 〈세계행복보고서〉를 보면 부탄은

97위로 우리나라(55위)보다 낮은 순위에 자리하고 있다. 2010년에 부탄 정부가 자체적으로 실시한 여론조사에서도 부탄 국민들의 행복 만족도가 41%로 하락하고 있어 앞으로 어떻게 변화할지 좀 더 지켜 봐야 할 것 같다.

사람은 보통 돈이나 물건을 행복의 중심으로 생각한다. 그러나 돈 은 추구하면 추구할수록 만족도가 떨어진다. 부탄 사람들이 행복하다 고 느꼈던 이유도 돈이나 건강이 아니라 인간관계와 이웃관계, 가족 관계의 평화였을 것이다.

여러분이 지중해의 지상낙원에서 살게 되었다고 생각해보자. 과연 그 행복의 유효 기간은 몇 년일까? 아마도 며칠 지나지 않아 지겨워 질 것이다. 세 살짜리 아이에게 장난감을 뺏으면 어떻게 될까? 아이는 세상 모든 것을 잃은 것처럼 울음을 터트리며 부모를 힘들게 하겠지 만, 그 장난감을 가지고 1시간 동안 놀게 하면 금방 싫증을 내고 내팽 개쳐버릴 것이다. 성인이 된 우리도 절대자가 내려다보기에는 똑같을 것이다. 우리가 힘들어하고 불행해하는 것이 그분이 볼 때 별로 큰일 이 아닌 것이기 때문이다.

5부 부자의 철학: 어떤 부자가 될 것인가

행복은 결국 본인이 어떻게 마음을 먹느냐의 선택이다. 헬스&라이프 매거진 〈헤이데이〉와 서울대학교 행복연구센터가 2017년 발표한 〈대한민국 중장년의 일상에서의 행복〉 보고서에 따르면 월소득 700만 원 이상인 중장년층이 행복 점수 8.0점을 얻어 700만 원 미만 소득자보다 점수가 높았다고 한다. 300만 원 미만 소득자의 행복 점수는 7.2점이었다. 소득이 행복에 영향을 주는 것은 분명한 사실인 듯하다.

성공을 보장하는 것들 ·····

재테크나 성공에 관련된 수많은 책들을 열람하다 보면 대부분 '긍정적인 사고'와 '감사'에 대한 내용들을 빠뜨리지 않는다. 과연 긍정적인 사람들이 성공할까? 많은 시간 할애해서 고민해봤지만, 한 가지 분명한 점은 긍정적인 사람들은 부정적인 사람들보다 '행복'하다는 것이었다.

예상치 못한 선물을 받았을 때 불행해하는 사람들이 꽤 많은 편이다. 같은 선물을 받아도 긍정적인 사람들은 기쁘고 행복해하며, 부정적인 사람들은 흠을 찾아내 기어이 기뻐하지 않는다.

식사자리에서 자녀에 대한 불평을 한 지인이 기억난다. 큰맘 먹고 비싼 외투를 사주려고 백화점에 데려갔는데, 아이는 신발도 사주길 원하고 가방도 사주길 원했단다. 처음 생각한 것보다 지출이 많아져서 크게 다투었고, 외투와 신발만 사고 가방은 사주지 않았다. 그랬더니 아빠와 자녀의 사이가 엄청나게 틀어졌다는 것이다. 지인은 다시는 아무것도 선물하지 않을 생각이라고 했다.

만약 아이가 (말을 하지 않아도) 감사하고 기뻐하며 아빠를 흡족하게 했다면 신발도 받고 가방도 받을 수 있었을 것이다. 아마 긍정적인 생각과 감사의 마음은 더 큰 행운을 불러오는 마법이라는 것을 몰랐으리라.

감사하는 마음이 없다면 항상 가난한 사람이다 - - - - -

확실한 것은 긍정적인 사람은 같은 상황에서 행복했을 것이고 부정적인 사람은 갖고 싶은 물건이 한 개라도 채워지지 않았다는 이유로 불행했을 것이다. 존 템플턴이 말한 것처럼 "10억 달러를 가졌어도 감사하는 마음이 없으면 가난한 사람이다. 가진 것이 적을지라도 자신이 가진 것에 감사할 줄 안다면 그 사람이 진정한 부자다." 가진 것에 감사할 줄 안다면, 누구나 행복하고 충만한 인생을 살아갈 수 있다.

예를 들어보자. A와 B는 함께 여행을 하다가 불의의 교통사고로 입원하게 되었다. 다음의 표는 그때 각각의 생각을 정리해놓은 것이다. 누가 더 행복한 병원 생활을 할 수 있을까? 여러분이 선택해보기 바란다.

	생각
A	· 수술을 하고 나면 내 몸은 예전 같지 않겠지. · 좋아하던 일을 못 할 거야. · 모든 게 끝났어. · 젊었을 때 암벽타기를 하던 게 아니었는데 다 내 잘못이야.
B	· 수술을 하고 나면 좋아하는 일들을 다시 할 수 있게 될 거야. · 회복 기간을 최대한 활용해 즐겁게 보내야지. · 이번 일을 인내심과 평정심을 키우기 위한 계기로 삼아야겠다. · 수술이 끝나고 나면 나는 더 현명하고 평정심 있는 사람이 될 거야. · 젊은 시절 운동을 열심히 한 덕분에 더 빨리 회복할 수 있을 거야.

《뇌를 젊게 하는 8가지 습관》에서 마이클 겔브는 "긍정적이고 낙관적인 사람들이 부정적이고 비관적인 사람들보다 7년 오래 산다"고 주장한다. 긍정과 부정은 실제로 각자의 '생각의 차이'다. 컵에 물이 반이 남아 있는 똑같은 상황에서 "물이 반이나 남았다"와 "반밖에 안 남았다"의 차이라고 할 수 있다. 누가 더 행복하겠는가? 당연히 긍정적인 사람이 행복하고 또 장수까지 한다니 우리는 긍정을 택해야 하겠다.

부정적인 사람들과 대화를 하다 보면 그렇게 생각하는 이유가 분명히 있다. 이유가 없는 사람이 어디에 있겠는가? 사람은 모두 똑같다. 나보다 나아 보이는 사람과 나보다 부족해 보이는 사람들일 뿐이다. 모두 내 생각이다. 99.999%의 사람들이 모두 나보다 더 많은 생각을 하고, 이유를 가지고 있다는 것을 인정해야 한다.

코끼리는 생각하지 마 - - - - -

부정적인 생각을 가진 사람들의 특징은 현실을 받아들이지 않고 모두 환경의 탓을 한다는 것이다. 본인은 이성적이지도, 완벽하지도 않지만 세상은 공평하고, 다른 사람들은 모두 이성적이어야 하고 완벽해야 하는 것으로 생각한다.

세상은 공평하기보다는 상당히 불공평한 곳이다. 꽤 불쾌한 사실이다. 나는 세상이 불공평하다는 사실을 그 자체로 스토아적으로 담담하게 받아들일 때 더 행복한 삶을 살 수 있다고 생각한다.

누군가를 미워해서 미워하는 사람 때문에 불행한 사람들이 있다. 네로 황제의 스승이자 철학자였던 세네카는 이런 말을 했다. "안심하라 그대여. 그대의 원수는 결국 죽게 될 것이다. 그것을 위해 그대는 손가락 하나도 까딱할 필요가 없다."

몇 년 전, 한참 정치하는 지인으로부터 《코끼리는 생각하지 마》라는 책을 선물 받아 꽤나 흥미롭게 읽어본 기억이 있다. 그 이후 수업 시간에 종종 긍정적인 단어를 사용해야 된다는 조언을 하면서 코끼리 이야기를 꺼낸다. "수업시간 끝날 때까지 절대로 코끼리를 생각하지 마세요"라고 두 번 정도 강조하고 수업이 끝날 즈음 물어본다. "오늘 수업 내용 중 가장 생각나는 것이 무엇이지요?" 학생들은 거의 대부분 "코끼리"라고 대답했다.

조지 레이코프는 "코끼리는 생각하지 마"라고 하면 코끼리라는 형상을 먼저 떠올린 후 그 형상을 생각하지 않으려 해야 하기 때문에 코끼리를 생각하지 않을 수 없다고 말한다. BBC 앵커 출신인 빌 맥파런은 여기에 더해 부정적인 언어를 '분홍 코끼리'에 비유했다. 분홍색 코끼리라니 눈을 감고 봐도 보일 것 같지 않은가. 부정적인 생각은 분홍 코끼리처럼 우리에게 강력한 영향을 미친다고 한다. 부정적인 표현도 마찬가지다. 부정적이고 적대적인 생각이 아니라, 잘될 거라는 막연한 기대가 아니라 할 수 있는 구체적인 노력을 하다 보면 생각한 대로, 말하는 대로 될 수 있다는 메시지로 이해하면 될 것이다.

"모 아니면 도"는 긍정적인 생각이 아니다 - - - - -

"긍정적인 사람들이 성공하는가?"라는 질문에 반대하는 사람들이 제법 많다. 오히려 긍정적이기 때문에 본인은 운이 좋은 사람이라고 희망찬 미래를 확신하며, 자신의 통찰력을 지나치게 과신한 나머지 잘

못된 투자를 하고 도박에 빠지는 경향이 있다는 것이다. 반대로 부정적인 사람들은 항상 잘못될 것에 대비해 보수적으로 투자하고 돌다리도 두드리고 건너는 사람들이기 때문에 크게 실패하지는 않는다고 한다.

하지만 '기업가 정신(entrepreneurship)'에 의하면, 누군가 실패를 무릅쓰고 도전하지 않는다면 자본주의 사회에서 기업을 운영하는 기업가는 존재가 불가능하게 된다. 반대로, 실패를 극복하고 긍정적인 마인드로 희망찬 미래를 위해 창업하는 기업가 중에 우리 모두를 먹여 살릴 위대한 부자가 탄생한다고 한다. 그러므로 사회 전체의 이익을 위해서라도 긍정적인 마인드의 확산은 사회에서 권장해야 할 덕목일 것이다.

16

행복을
측정하다

역사적으로 세상에서 가장 행복했던 사람으로 10세기 사라센제국의 압둘라만 3세를 꼽는다. 아름다운 부인 3,321명과 토끼 같은 자식 616명이 있었고, 부와 명예와 권력을 가진 상태로 건강하게 여생을 마쳤다고 한다. 그러나 그가 숨을 거두면서 남긴 유언이 의미심장하다. "내가 행복을 누린 날은 단 14일에 불과하다."

스티브 잡스는 애플과 아이폰으로 세상에서 가장 부유한 사람으로 살아가다가 췌장암으로 투병하며 죽기 직전에 다음과 같은 말을 남겼다. "나는 지금 이 세상에서 제일 비싼 침대에 누워 있다. 하지만 즐겁지 않다. 고작, 병들어 누워 있는 침대일 뿐이다. 과거를 회상해보면 돈만 벌었다. 비참하다." 그리고 또 한마디.

"이제야 나는 깨달았다. 삶을 유지할 적당한 부를 쌓았다면, 그 이후에는 부와 무관한 것을 추구해야 한다는 것을. 내가 가져갈 수 있는 것은 사랑이 넘쳐나는 기억뿐이다."

성경에는 이런 말이 있다. "은을 사랑하는 자는 은으로 만족하지 못하고, 풍요를 사랑하는 자는 소득으로 만족하지 못한다." 물질적인 탐욕은 압둘라만 3세나 스티브 잡스, 또 우리에게 행복을 가져다주지 못하는 것 같다.

사람은 누구나 풍요롭고 행복하게 살기를 바란다. 그렇기 때문에 많은 사람이 부자가 되고 싶어 한다. 돈이 많으면 나와 내 가족의 욕망을 다 채워줄 수 있을 것이라고 믿는다. 박경철 원장은 《시골의사의 부자경제학》에서 절대적 빈곤 상태에서는 어떻게든 현 상황을 벗어나려는 갈망으로 부자가 되고 싶어 하고, 상대적 빈곤의 상태에서는 타인의 밥그릇에 대한 시기와 질투를 멈추지 않는 인간의 본성을 채우는 수단으로 부자가 되고 싶어 한다고 설명한다.

사실 인간은 많은 돈을 가졌어도 자기보다 더 많은 돈을 가진 사람들에 대한 상대적인 빈곤감에 허덕이는 경우가 많다. 이런 점이 부자가 되어도 행복할 수 없는 이유가 될 수 있을 것이다.

부자와 행복은 별개로 생각해야 된다. 부자인 사람은 행복할 수도 있고 불행할 수도 있다. 행복한 사람은 부자일 수도 있고 부자가 아닐 수도 있다.

구약성경의 전도서에는 "살아 있는 개가 죽은 사자보다 낫다"라는 구절이 있다. 살아 있는 동안 행복하게 사는 방법은 사실 간단하다. 행복을 느낀다는 것은 결국 나의 생각, 나의 느낌이다. 20세기 초 비폭력 저항운동의 정치인 마하트마 간디는 정치 탄압으로 감옥에 갇혀 있을 때도 하루하루를 즐겁고 행복하게 살았다고 한다. 어차피 나의 잘못으로 감옥에 구속된 것이 아니고, 나의 주변 환경은 감옥 안에서 불행해한다고 해결될 일이 아니라는 생각이었다고 한다. 전도서의 내용을 인용하자면, 세상에서 기쁘게 살아간다는 것은 "착하고 옳은 일을 하면서 맛있게 먹고, 마시고, 내가 하는 일에 만족하는 삶을 사는 것"과 같다.

기쁨이란 무엇일까? 결론은 미래의 소망을 갖는 것, 사랑하는 것, 그리고 본능적으로 감사함을 습관화하는 것이다. 또한 나의 소망이 이루어지는 것을 당연하게 믿게 되면 될수록 기쁨은 더 커진다. '믿음', '소망', '사랑', '감사'는 모두 본인이 느끼는 것이고, 스스로의 생각이 만들어낸 감정이다.

결국 모든 것은 본인의 선택이고, 행복 또한 마찬가지다.

행복한 삶은 어떤 모습일까? - - - - -

동기부여 전문가이자 베스트셀러 작가인 할 엘로드는 자신의 책 《미라클 모닝》에서 사회에 첫발을 내딛은 100명을 40년간 추적 조사한 미국 사회보장국의 연구 결과를 인용했다. 결론부터 이야기하자면, 100명 중 95명, 즉 95%의 사람들이 그들이 원하는 삶을 살지 못했다.

간략한 내용은 다음과 같다.

· 1명만이 부자가 되었고

· 4명이 금전적으로 안정이 되었으며

· 36명은 사망했고

· 54명은 파산해서 주변의 도움으로 살고 있다.

· 나머지 5명은 생계를 위해 아직 돈을 벌고 있었다.

우리는 삶이 무엇인지 짚고 넘어가야 한다. 재테크는 부자가 되기 위해 필수적이지만, 그보다는 '행복한 부자'가 되는 것이 더 중요하기 때문이다.

최인철 서울대학교 심리학과 교수가 행복에 대해 강연한 유튜브 동영상을 시청한 적이 있다. 최인철 교수는 "행복은 시간관리"라고 하면서, 행복한 일에 시간을 많이 사용하면 행복해진다고 말한다. 행복한 일상으로서 여행을 추천했는데, 여행을 떠나면 걷고, 대화하고, 맛있는 것을 함께 먹으면서 행복해진다는 것이다.

같은 의미로 내가 가장 오래, 함께 있는 사람을 사랑하면 행복해질 것이라 믿는다. 세상에서 제일 불행한 사람은 나와 가장 가까운 사람을 미워하는 것이다. 너무 간단한 이치지만 대부분 수긍하지 않는다.

공개강의에서 이런 행복에 대해 이야기하면 대부분 다음과 같이 반응한다.

"도대체 상대방을 사랑하기가 어렵습니다."

상대방이 사랑을 하게 만들지 않는다는 것이다. 누구를 사랑하고 사랑하지 않는 것은 사실 나의 마음이다. 내가 정말로 행복해지고 싶다면 아무 조건 없이 나의 생각대로 사랑하면 된다.

2,000년 전, 예수님께서 이 세상에 오셔서 사람으로서는 할 수 없는 수많은 기적을 일으키시며 수많은 병자와 심지어는 죽은 사람도 살리셨다. 왜 그랬을까? 그럴 필요가 있었을까? 기독교인으로서 오랜 기간 그 이유를 알기 위해 고민하고 생각했다.

예수님이 기적을 일으킨 이유는 자신을 믿으라는 의도였다고 생각한다. "나는 사람이 아니다. 나는 신이므로 나를 믿어달라"는 것이다.

그럼 예수님을 사람들이 많이 믿으면 예수님에게는 무슨 혜택이 있나? 재벌이 되려고 그러셨나? 아니다.

성경에서 주님은 이렇게 말씀하셨다. "새 계명을 주노니 네 이웃을 네 몸같이 사랑하라." 그리고 세상을 떠나셨다. 그리고 한 구절을 더 하셨는데, "네 원수를 사랑하라" 하셨다. 맞는 말씀인 것 같다.

사랑하는 사람을 사랑하는 것은 너무나 쉬운 일이다. 누구든 유명 연예인, 아이돌 스타, 대통령 이런 사람이 차 한잔하자고 하면 너무 행복할 것이다. 예쁜 강아지를 예뻐하고 사랑하는 것 또한 너무 쉬운 일이다. 하지만 그 반대는 싫지 않은가? 그 반대를 실천해야 우리가 더 행복해진다는 것이다. 세상에는 예쁘고 아름다운 것만큼 추하고 미운 것도 많기 때문일 것이다.

《성공하는 사람의 7가지 습관》,《소중한 것을 먼저하라》,《원칙 중심의 리더십》으로 많은 독자들에게 존경받는 스티븐 코비 박사는 '왜 사느냐'가 아니라 '어떻게 사느냐'가 중요하다고 말한다. 그에 의하면 삶은 "살며 사랑하며 배우고 유산을 남기는 것"으로, 신체적 욕구, 사회적 욕구, 정신적 욕구, 영적인 욕구를 모두 골고루 해결하면서 균형 있게 살아갈 때 행복해진다고 말한다.

스티븐 코비 박사가 말하고자 하는 바는 "살며 사랑하고 배우고 유산을 남기는 행위"를 삶에서 균형 있게 실행하라는 의미일 것이다. 우리가 재테크를 하는 이유는, 즉 부자가 되기 위해 노력하는 것은 존엄성을 지키며 이 네 가지 욕구를 균형 있게 해결하기 위해서라고 할 수 있다. 자본주의 사회에서 신체적인 욕구를 충족하며 살아가고, 사회적인 욕구를 해결하기 위해 서로 사랑하고, 정신적인 욕구를 채우기 위해 배우고, 영적인 욕구를 해결하면서 끊임없이 우리의 인생을 달려 나가기 위해 가장 필수적인 수단은 돈이다. 자본주의 사회에서 돈이 없다면 살아갈 수가 없는 것이다.

균형이라는 단어는 말하기는 쉽지만 실제로 실천하기는 대단히 어렵다. 어느 한 부분에 치우친 삶은 불행해지기 쉽다. 예를 들어, 신체적인 욕구를 충족시키기 위해 운동 중독에 빠진다든지, 종교에 심취해 가족을 등지고 사회생활을 등한시하는 것은 확실히 행복한 삶은 아닌 것처럼 보인다.

이는 이론적으로 매슬로의 욕구 5단계설과 유사하다. 매슬로가 1943년 주창한 욕구 5단계 이론은 인간은 생리적 욕구, 안전의 욕구,

소속의 욕구, 존경의 욕구 및 자아실현의 욕구 순으로 욕망을 실현한다는 개념이다. 즉, 생리적 욕구, 안전의 욕구 등 하위 단계의 욕구가 해결되지 않으면 존경의 욕구, 자아실현의 욕구 등 상위 단계의 욕구는 해결하기 힘들다는 것이다.

행복을 측정하는 다양한 방정식 - - - - -

행복을 좀 더 구체적으로 표시하는 방법도 있다. 그중 '행복지수'는 자신이 얼마나 행복한지를 스스로 측정하는 지수다. 정부에서 발간한 시사경제용어 사전에는 행복지수를 '국내총생산 등 경제적 가치뿐 아니라 삶의 만족도, 미래에 대한 기대, 실업률, 자부심, 희망, 사랑 등 인간의 행복과 삶의 질을 포괄적으로 고려해 산출한 지표'라고 정의하고 있다.

2002년, 영국의 심리학자 로스웰과 라이프코치 코언은 '행복은 인생관, 적응력, 유연성 등 개인적 특성을 나타내는 P(Personal), 건강, 돈, 인간관계 등 생존 조건을 가리키는 E(Existence), 야망, 자존심, 기대, 유머 등 고차원 상태를 의미하는 H(Higher order) 등 세 가지 요소에 의해 결정된다'는 행복지수 이론을 고안해 발표했다.

이들은 3요소 중에서도 생존 조건인 E가 개인적 특성인 P보다 5배 더 중요하고, 고차원 상태인 H는 P보다 3배 더 중요한 것으로 판단해 행복지수로 공식화했다. 상당히 설득력이 있어 일반적인 행복지수는 로스웰과 코언의 행복지수를 사용한다.

여러분도 자신의 행복지수를 한번 산출해보기 바란다. 다음의 네 가지 항목을 잘 읽고 해당하는 항목에 본인의 상태를 0점에서 10점까지로 평가한다. 그리고 각 가중치를 곱해 항목별 점수를 내고 이를 모두 더한다. 만점은 100점이다.

지수	내용	평가 (1~10점)	점수
P	나는 외향적이고, 변화에 유연하게 대처하는 편이다.	×1	
	나는 긍정적이고, 우울하고 침체된 기분에서 비교적 빨리 벗어나며, 스스로 잘 통제한다.		
E	나는 건강·돈·안전·자유 등 나의 조건에 만족한다.	×5	
H	나는 가까운 사람들에게 도움을 청할 수 있고, 내 일에 몰두하는 편이며, 자신이 세운 기대치를 달성하고 있다.	×3	
행복지수 총점			

OECD의 행복지수 - - - - -

다른 형태의 행복지수에 대한 연구도 존재한다. 앞서 살짝 언급한 유엔과 컬럼비아대학교 지구연구소가 2012년 처음 발표한 〈세계행복보고서〉는 소득, 교육, 건강 및 일과 삶의 균형 네 가지 항목을 평가 기준으로 하고 있다.

1990년부터 2020년까지의 변화를 구체적으로 살펴보면, 이 기간 한국은 1인당 GDP가 6,516달러에서 2만 9,743달러로 올라 소득 지표는 28위에서 20위로 뛰었지만 소득격차(분배)는 오히려 악화되어

27위로 6계단 떨어졌다. 안전 지표도 자살률, 범죄율 증가의 영향으로 15위에서 30위로 곤두박질쳤다. 환경(30위), 문화여가생활(29위), 성별격차(31위), 세대갈등(31위)도 1990년보다 더 나빠졌거나 최하위권에 머물렀다.

소득은 우리의 행복에 큰 영향을 주는 것은 틀림없는 것 같다. MBC에서 2018년 방영한 한국인의 삶에 대한 의식 조사에 따르면 행복의 조건은 아래와 같다.

지수	2001년	2018년
돈	14.1%	32.3%
건강	36.8%	32.1%
가족	35.0%	24.0%

표를 보면 2001년에는 돈의 중요성이 14.1%였는데, 18년 만에 2배 이상인 32.3%로 훌쩍 뛰어버렸다. 자본주의가 고도화되면서 가족보다 돈이 더 중요한 가치가 되어버린 현실을 적나라하게 보여주는 것

같다.

자본주의가 고도로 발달하면서 2020년에는 우리나라의 1인당 국민소득이 3만 달러 수준에 이르렀다. 솔직히 과거에 비하면 먹고사는 일은 조금 더 고급화되고 편리해진 것은 사실이다. 그러나 대부분의 사람들이 하루 종일 돈만 벌어야 살아갈 수 있는 세상이 된 것 같아 마음 한 편이 씁쓸하다.

성공한 투자자의 한 사람인 워런 버핏은 부자란, 또 부자가 되는 이유는 "매일 내가 원하는 일을 할 수 있도록 허락하는 것"이라고 한다. 버핏에게 매일 원하는 일은 "기업의 대차대조표와 실적보고서를 꼼꼼히 읽는 것"이다. 생각의 차이지만, 깨알 같은 숫자만 들여다보는 삶이 그리 행복해 보이지 않는 이유는 무엇일까?

고소득층을 대상으로 투자 자문 서비스를 제공하는 스펙트렘그룹이 최근 설문조사한 결과는 무척 의미심장하다. '부'가 무엇이냐는 질문에 가장 많이 나온 대답은 "전반적인 안전"이었다. 두 번째는 "더 많은 행복"이었고 "더 많은 책임"과 "더 많은 재미"가 뒤를 이었다. 반면 '부'란 "더 많은 스트레스"라고 응답한 사람도 제법 많은 비중을 차지하고 있다.

부는 어느 정도의 안전과 재미를 가져다주는 것은 사실이다. 하지만 동시에 더 많은 책임과 스트레스, 복잡성을 가져다준다. 부는 현재 갖고 있는 인생의 문제를 더 비싼 문제로 교체할 뿐, 인생의 문제를 근본적으로 해결하지는 못하는 것이다.

많이 완화되기는 했지만, 여전히 부자를 부정적으로 보는 사람들이 많다. 마음속에는 부자가 되고 싶은 욕망이 가득하지만 치열한 경쟁 속에서 부자가 될 수 있는 사람은 많지 않고, 그 와중에 옳지 못한 방식으로 부자가 되는 사람이 많기 때문이다. 부자에 대한 시선은 왜곡되고, 동시에 '나도 그렇게 해볼까'라는 일그러진 욕망이 꿈틀댄다.

부자가 되고 싶다고 적극적이고 공격적으로 재테크에 덤벼들 필요는 없다. 우리는 '어떻게'에 초점을 맞추기보다 '무엇을 위해' 돈을 벌것인지를 먼저 고민해야 한다. 그렇지 않으면 아무리 돈을 벌어도, 거대한 부를 이뤄도 행복하지만은 않을 것이다.

부록

초보 투자자를 위한
키워드 해설

많은 사람이 주식투자로 재테크를 한다. 하지만 의외로 주식을 제대로 알고 투자하는 사람은 별로 없다. 주식과 주식시장이 가지고 있는 속성을 제대로 이해하지 못한 채 이른바 '좋은 정보' 몇 마디에 흔들리다 보니 돈은 돈대로 날리고 스트레스는 스트레스대로 받게 된다. 지금부터 소개하는 투자 핵심 키워드 몇 개만 익혀둔다면 의사결정의 깊이가 달라질 것이다.

주식시장 키워드 - - - - -

상한가와 하한가

증권거래소에서는 급격한 시세 변동 시 투자자를 보호하고 증권시장의 안정을 도모하고자 상한가와 하한가를 지정해 가격 변동 폭을 제한하고 있다. 가격 제한 폭은 전일 종가를 기준으로 15% 이내다. 전일 종가보다 15% 오르면 상한가라 하고 15% 하락하면 하한가라고 한다.

미국은 가격 제한 폭을 두지 않고 있지만 주식시장이 안정되어 있기 때문에 큰 문제가 생기는 경우는 드물다. 반면 우리나라는 상한가와 하한가가 15%로 정해져 있어도 주가 조작이 이뤄지는 경우가 많다. 상한가와 하한가의 차이가 30%나 되기 때문이다. 많은 투자자들이 상한가를 기록한 종목에 불나방처럼 달려들곤 하지만, 투자 원칙 없이 '상한가 따라잡기'를 통해 비싼 값에 주식을 매수한다면 불과 몇 시간 만에 하한가가 되어 하루에 30%를 손해 보는 일이 종종 발생한다.

권리락

권리락(權利落, ex-rights)은 기업의 유·무상 증자 시 함께 나타난다. 증자는 기업이 다양한 사업을 진행하기 위해 필요한 자금을 확보하고자 주식을 추가 발행하는 것이다. 주주에게 돈을 받으면 유상증자, 돈을 받지 않으면 무상증자가 된다.

회사 주식에 대한 유·무상 증자 시 기업은 신주 배정 기준일을 설정하고 이 기준일까지 주식을 보유하고 있는 주주들에게는 신주인수권, 즉 새로운 주식을 살 수 있는 권리를 부여한다. 하지만 그 이후에 주식을 산 주주들에게는 신주인수권을 부여하지 않으므로 증자에 참여하기 위해서는 신주 배정 기준일까지 주식을 매입해서 보유하고 있어야 한다.

신주 배정일 전까지 신주를 받을 권리를 얻기 위해 구주를 매입하려는 사람이 많아진다. 하지만 신주 배정일 이후부터는 구주를 매입해도 신주를 받을 권리가 생기지 않기 때문에 그 수요가 줄어들면서 주가가 하락하게 되는데 이를 권리락이라 한다.

배당락

주주들이 배당받을 권리가 확정된 후 주가가 하락하게 되는 것을 배당락(配當落, ex-dividend)이라고 한다. 우리나라의 증권시장에서는 주식 매입 계약이 체결된 날을 포함해 3일째 되는 날에 주권이 결제된다.

예를 들어, 회계 기간이 1월 1일부터 다음 해 12월 31일까지인 회사가 있다고 하자. 투자자가 배당을 받으려면 결산기 종료일인 12월 31일까지 이 회사의 주식을 보유해야만 하므로 최소한 12월 29일까지는 주식을 매입해야 한다. 이때 12월 30일에 주식을 매입한 투자자는 배당받을 권리가 없게 되므로 이 회사의 주식에 대한 배당락은 12월 30일에 발생하게 될 것이다.

액면분할

액면분할이란 주식의 액면가를 일정한 비율로 나누는 것이다. 액면가는 5,000원이지만 시장에서 1주당 5만 원에 거래되고 있는 주식이 있다고 가정할 때, 기업이 이 주식을 액면가 500원으로 액면분할한다면 시장에서 그 주식의 1주당 주가는 5만 원이 아니라 5,000원으로 하향 조정된다.

액면분할이 이뤄질 때 투자자가 유리한 점은 주당 가격이 낮아져서 주식 거래량이 증가한다는 것이다. 이 과정에서 자본 이득을 기대할 수 있다.

기업의 가치를 제대로 확인하려면 주식 가격을 볼 때 발행 주식 수와 함께 시가총액(주가×발행 주식 수)을 항상 확인하는 습관을 가져야 한다. 시가총액이 곧 그 기업의 규모를 말해주기 때문이다. 저렴한 주식이라도 그 수가 많다면 기업 규모가 큰 것이고, 비싼 주식이라도 그 수가 얼마 되지 않는다면 기업 규모는 작다고 볼 수 있다.

경기분석 키워드 - - - - -

경기종합지수

경기 지표로는 연간 또는 분기별로 추계되는 국민총생산(GNP)도 있지만 투자에서는 경기종합지수(Composite Index, CI)를 많이 사용한다. 분기별로 1981년부터 통계청이 작성해서 발표하고 있다.

경기종합지수란 경기변동의 국면, 전환점과 속도 및 진폭을 측정할 수 있도록 고안된 경기 지표의 일종이다. 이는 국민경제의 각 부문을 대표하고 경기 대응성이 양호한 경제 지표들을 선정해서 이를 가공하고 종합해 작성한다. 구체적인 지표까지는 알 필요는 없고, 각 지표의 의미만 파악해두도록 하자.

경기종합지수는 선행, 동행, 후행지수로 나뉜다. 선행종합지수는 경기순환보다 앞서 변동하는 개별 지표를 종합해서 만든 지수로 향후 경기변동의 단기 예측에 이용된다. 동행종합지수는 경기순환과 비슷하게 변동하는 개별 지표를 종합해 만든 지수로 현재 경기 상황을 판단하는 데 이용된다. 후행종합지수는 경기순환보다 늦게 변동하는 개별 지표를 종합해서 만든 지수로 현재 경기의 사후 확인에 이용된다.

기업실사지수

기업실사지수는 BSI(Business Survey Index)라고도 하며, 경기에 대한 기업가들의 판단과 전망, 계획 등을 설문조사한 것이다. 이 지수가 100 이상이면 기업은 앞으로 경기 상황이 더 좋아질 것이라 판단하는 것이고, 100 이하이면 앞으로 더 안 좋아질 것이라고 판단하는 것이다. 하지만 미래 경기에 대한 주관적인 요소가 많이 개입되어 있으므로 사용하는 데 신중을 요한다.

기업실사지수는 주요 업종의 경기동향과 전망, 기업 경영의 문제점을 파악해서 기업의 경영 계획과 경기 대응책 수립에 필요한 기초 자료로 이용하기 위한 지표다. 다른 경기 관련 자료와는 달리 기업가의 주관적이고 심리적인 요소까지 조사할 수 있으므로 경제정책을 입안하는 데 중요한 자료로 활용된다.

미국, 일본 등 50여 개국에서 실시하고 있으며, 우리나라는 한국은행을 비롯해 기업은행, 신용보증기금 등에서 분기별 또는 월별로 조사해 발표하고 있다.

경제성장률과 주가의 관계

보통 GNP로 측정되는 경제성장률은 통상 주가와 같은 방향으로 움직인다. 경제성장률이 높을 때는 기업의 매출 이익이 높아져 주가가 상승하고, 반대로 경제성장률이 낮으면 기업의 매출 이익이 낮아져 주가가 하락하게 된다. 즉, 경제성장률이 높을 때는 생산과 고용, 판매, 소득이 증가하면서 경제가 확대되고, 기업의 매출과 이익이 증가해 주가가 상승한다. 반대로 경제성장률이 둔화되거나 감소할 때는 경제활동이 위축되면서 주식시장이 침체되는 것이 일반적이다.

금리와 주가의 관계

주식의 가격은 기업 이익이 증가할 때, 그리고 금리가 하락할 때 올라간다. 즉, 기업 이익이 증가하면 투자자들은 투자 의욕을 느끼므로 주가 상승을 불러오고, 금리가 하락하면 투자자 입장에서는 다른 곳에 투자하는 것보다 주식투자를 하는 게 이익이므로 현재 주가의 상승을 불러오는 것이다. 기업의 입장에서 보면 금리 하락은 투자를 촉진할 뿐 아니라 금융비용을 절감시키며 사업의 수익성이 개선되기 때문에 주가 상승을 가지고 올 수 있다.

환율과 주가의 관계

기본적으로 환율은 외환시장에서의 수급에 따라 결정되지만 실제로는 국제수지, 물가, 금리 등 복합적인 요인에 영향을 받는다. 급격한 환율 인하, 즉 평가절상은 수출 비중이 높은 기업의 수출 경쟁력을 떨어뜨려 기업의 매출을 감소시키고 수익을 악화시켜 주가를 떨어뜨린다. 반대로 원자재를 수입하는 기업의 경우 환율이 떨어지면 수익이 오히려 증가해 주가는 상승하게 된다.

재무분석 키워드 - - - - -

유동비율과 당좌비율

기업이 채무를 갚아야 할 때가 되었는데 갚을 능력이 부족해서 일반적 또는 계속적으로 변제할 수 없는 객관적인 상태에 있다고 판단되는 것을 '지급불능'이라 한다. 회사가 지급불능 상태가 되면 부도라는 형태로 도산하는 경우가 많다.

기업의 지급 능력을 확인한다는 것은 지급불능 상태가 발생할 수 있는지를 살펴보는 것이다. 지급 능력에 대해 알아보기 위해서는 일반적으로 유동비율과 당좌비율을 살피는 것이 좋다.

유동비율은 단기간에 현금화가 가능한 자산(유동자산)을 단기간에 만기가 돌아올 부채(유동부채)로 나눈 비율로, 단기 채무에 대한 지급 능력과 흑자도산의 가능성을 표현한 것이다.

유동비율 = 유동자산 / 유동부채 × 100

당좌비율은 유동비율보다 더 엄격하게 평가하는 것으로서, 유동자산 중에서도 유동성이 매우 높은 당좌자산만을 기준으로 계산한다.

$$당좌비율 = 당좌자산 / 유동부채 \times 100$$

유동비율과 당좌비율의 수치가 높을수록 지급 능력이 뛰어나다고 할 수 있다. 기업의 지급 능력을 더 정확하게 알아보려면 기업의 재무제표 중에서 현금흐름표를 추가로 살피는 것이 좋다. 현금흐름표는 현금을 수반하는 투자활동 및 재무활동, 현금을 수반하지 않는 투자활동 및 재무활동의 내용을 각각 표시하고 있기 때문에 기업의 재무 상태가 어떻게 흘러가고 있는지 관찰하는 데 유용하다.

현금흐름표는 재무상태표와 손익계산서가 주지 못하는 정보를 보충한다고 볼 수 있다. 수익성이 좋고 성장성이 높은 기업이 일시적으로 현금이 부족해서 부도나 파산을 하게 되는 흑자도산의 경우 현금흐름표를 보지 않으면 이를 찾아내기가 쉽지 않다.

고정비율과 고정장기적합률

고정비율이란 고정자산, 즉 건물이나 설비 같은 자산에 자금이 얼마나 투자되었는지를 알 수 있는 비율이다. 고정비율이 100%라는 것은 자기자본만으로 고정자산에 투자했다는 의미이고, 그 이상이면 고정자산의 일부는 빚으로 구입한 것이라는 뜻이다. 따라서 고정비율이 낮을수록 안정적이다.

고정비율 = 고정자산 / 자기자본 × 100

= (투자자산 + 유형자산 + 무형자산) / 자기자본 × 100

고정장기적합률이란 장기성 자산이 장기성 부채(고정부채)를 조달해 투자되었는지를 나타내는 비율이다. 장기자본, 즉 자기자본과 고정부채에 대해 고정자산이 몇 퍼센트를 차지하고 있는지를 표시하는 비율이며, 자본배분의 안정성을 판단하는 자료로 이용된다.

$$고정장기적합률 = 고정자산 / 장기자본 \times 100$$

$$= (투자자산 + 유형자산 + 무형자산) / (자기자본 + 고정부채) \times 100$$

고정부채는 비록 부채이지만 갚아야 할 기간이 많이 남아 있으므로 비교적 안정된 자산으로 본다. 고정비율이 100%를 초과하고 있다고 하더라도 고정장기적합률이 100% 이하인 경우에는 기업이 고정부채를 잘 활용하고 있다는 뜻이다. 이 경우에는 기업의 재무 유동성이 크게 나쁘지 않기 때문에 자본배분의 안정성이 양호하다고 본다.

부채비율과 자기자본비율

부채비율이란 기업의 지급 능력을 표시하는 비율로 부채, 즉 타인자본에 대한 의존도를 표시하며 기업의 건전성을 나타내는 가장 대표적인 지표다. 기업의 부채는 적어도 자기자본 이하인 것이 바람직하기 때문에 부채비율은 100% 이하가 이상적이다. 이 비율이 높을수록 재무구조가 불건전한 것이므로 투자에 유의해야 한다.

부채비율 = 부채 총액 / 자기자본 × 100

자기자본비율이란 총자본 중에서 자기자본이 차지하는 비율로 자본구조의 장기적 안정성을 보여주며 기업 재무구조의 건전성을 가늠하는 지표다. 자기자본은 직접적인 금융비용(이자)을 부담하지 않고 기업이 장기적으로 운용할 수 있는 안정된 자본이어서 이 비율이 높을수록 기업의 재무구조는 건전하다고 할 수 있다.

가치주 발굴 키워드 ----

주가수익비율

주가수익비율(Price Earning Ratio, PER)은 주식이 주는 순이익에 비해 주가가 몇 배로 형성되어 있는지를 나타내는 것으로, 기업의 경영 성과와 재무 상태가 주식시장에서 어느 정도로 평가되고 있는지를 보여준다. 경쟁 기업보다 낮으면 주가가 저평가된 것으로 판단하고, 그 반대라면 고평가된 것으로 본다.

$$PER = 주가 / 주당순이익 × 100$$

시장 전체의 평균 PER이나 동종 업종에 속한 종목들의 평균 PER을 비교해 적정 주가를 산출할 수 있다. 예를 들어, A라는 기업의 주당순이익이 3,000원이고, 이 기업이 속한 업종의 평균 PER이 10일 경우 A의 적정 주가는 3만 원이라고 추정할 수 있다. 그런데 A의 주가가 2만 원이라면 저평가되어 있다고 판단되므로 투자를 고려해볼 만하다.

부록 초보 투자자를 위한 키워드 해설

주당순이익

주당순이익(Earning Per Share, EPS)은 주식 가격의 적정성을 평가하는 기본 수치로 당기순이익을 발행 주식 수로 나눈 값이다. 이렇게 되면 1주당 얼마만큼의 순이익이 발생하는지를 알 수 있으며, 이 수치가 높을수록 우량한 기업이다.

$$\text{EPS} = \text{당기순이익} / \text{발행 주식 수}$$

EPS가 상승하면 주가도 같이 올라가는 것이 보통이다. 따라서 시장 이자율과 비교했을 때 EPS가 낮다면 투자를 미루고 회사의 성장성 등을 확인해야 한다. 예를 들어, 액면가가 5,000원인 주식의 EPS가 1,000원이면 1주당 20%의 수익률을 보여주는 것이므로 우량하다고 볼 수 있다.

주당순자산

주당순자산(Book value Per Share, BPS)은 기업이 지금 당장 영업을 그만두고 보유자산을 처분할 경우 잔여 재산의 가치가 얼마나 되는지를 판단하는 것이다.

기업의 순자산(자산-부채)을 발행 주식 수로 나누면 주당순자산을 구할 수 있다. 보다 확실한 가치 측정을 위해 부채뿐만 아니라 실질가치가 의문시되는 무형자산, 부도어음 등 회수불능 채권을 자산에서 차감해 계산하기도 한다.

BPS = 순자산 / 평균 발행 주식 수

주당순자산은 안정성을 의미하기도 한다. 상장폐지되어도 자산만큼은 회수할 수 있으므로 주당순자산이 높으면 투자 위험이 감소한다.

주가순자산비율

주가순자산비율(Price Book value Ratio, PBR)은 다른 말로 시장가치대비장부가치비율이라고도 한다. 주가는 시장에서 그 가치가 결정되고 주당순자산은 대차대조표에 나와 있는 자산을 발행 주식 수로 나

뉘 계산한 것이어서 분모는 장부가치를, 분자는 시장가치를 사용하기 때문에 그렇다.

EPS = 실제 주가 / 주당 장부가치 = 시가총액 / 자기자본

PBR은 1주당 순자산이 주가(기업가치)를 몇 배 창출했느냐를 나타내므로 이 비율이 높다는 것 역시 성장 가능성이 있다는 것을 의미한다. 반면에 주가가 고평가된 것으로 보기도 하므로 다른 조건이 동일한 경우 시장가치대비장부가치비율이 낮은 기업은 주식시장에서 저평가되어 있다고 볼 수 있다.

EV/EBITDA

영업력에 대한 대표적 가치 평가 척도로 EV/EBITDA를 들 수 있다. 기업가치(EV)와 법인세·이자·감가상각비 차감 전 이익(EBITDA)으로 구성된 EV/EBITDA는 각각에 대해 알면 이해할 수 있다. 최근 고전적인 다른 지표들보다 많이 사용되는 지표이기도 하다.

EV는 주식의 가치(Equity Value)가 아니라 기업의 가치(Enterprise Value)를 나타낸다. 기업의 가치란 대상 기업을 현금으로 매수할 때 100% 인수해야 할 금액을 말한다. 투자 대상이 되는 회사의 1주당 주가를 구할 수 있는 실마리 중 하나다.

$$EV = 시가총액 + 순차입금$$

EBITDA(Earnings Before Interest, Taxes, Depreciation and Amortization)는 우리말로 법인세, 이자, 감가상각비 차감 전 이익을 의미한다. 이자 비용을 포함하기 때문에 자기자본뿐 아니라 타인자본까지 활용했을 때 기업이 창출할 수 있는 영업 능력을 보여주고, 감가상각비를 비용에서 제외하기 때문에 실제 현금 지출이 없는 비용을 고려하지 않는다. 쉽게 말해, 기업의 영업 능력을 실제 들고 나는 현금흐름의 관점에서 바라보는 것이다.

EBITDA = 영업이익(EBIT) + 감가상각비

EV/EBITDA 수치가 낮으면 저평가된 것이고, 높으면 고평가된 것으로 본다. 종합주가지수는 항상 변하기 때문에 동종 업계의 평균 수치를 기준으로 비교하는 것이 일반적이다.